Dr. med. Christoph Schidlo
Dipl. oec. troph. Dagmar Fronius-Gaier

Nahrungsmittel, die Arthrose lindern

117 schnelle und alltagsgerechte Gerichte

Weltbild

Inhalt

Es gibt tausend Krankheiten, aber nur eine Gesundheit.

Ludwig Börne

Nur die Gesundheit ist das Leben.

Friedrich Hagedorn

Arthrose wirksam lindern

Über die Hälfte der über 35-Jährigen und nahezu jeder über 60-Jährige ist von Arthrose in mehr oder weniger starker Ausprägung betroffen. Arthrose bedeutet Abnutzung der Gelenke. Nicht jeder Gelenkverschleiß geht jedoch mit Schmerzen einher, daher ist nicht alleine die Diagnose »Arthrose« ausschlaggebend, ebenso ist nicht alleine das Ausmaß des Gelenkverschleißes im Röntgenbild wesentlich, sondern vielmehr entscheiden weitere Faktoren, die von Betroffenen beeinflusst werden können, den Krankheitsverlauf. Ob eine Arthrose, sei es in einem Gelenk der Arme oder Beine, oder auch eine Arthrose im Bereich der Wirbelgelenke zu Schmerzen führt, hängt im wesentlichen von der Lebensführung des Patienten ab. Daher kommt einer ausgewogenen Ernährung unter Berücksichtigung gewisser, in diesem Buch dargestellten Grundsätze, eine wesentliche Bedeutung zu. Die in diesem Ratgeber aufgeführten Rezepte können zwar die Arthrose nicht heilen, jedoch das Risiko eines Ausbruchs einer schmerzhaften Arthrose wirksam reduzieren helfen. Sind bereits erste Erkrankungszeichen aufgetreten, so verfügt die Natur über diverse Mechanismen der Knorpelreparatur und Regeneration, die durch spezifische Nahrungsbestandteile aktiviert werden können.

Die Gesundheit zu erhalten: Nicht bis zur Sättigung essen, sich vor Anstrengungen nicht scheuen.
Hippokrates

Selbst im Spätstadium einer Arthrose mit weitgehend aufgebrauchtem Gelenkknorpel und entzündlichen Schwellungszuständen wird durch die richtige Ernährung die Ausprägung der Arthrose in weiteren Gelenken vermindert und schädigende Mechanismen auf der Stoffwechselebene werden neutralisiert. Sicherlich trägt eine ausgewogene Ernährung auch zur Gewichtsregulation bei, denn die erkrankten Gelenke werden durch Übergewicht stark belastet. Da viele Mechanismen der Zerstörung des Gelenkknorpels auf die Zerstörung weiterer Zellen im

Regelmäßige Bewegung ist ein fester Bestandteil jedes Programms zur Vorbeugung von Arthrose.

menschlichen Körper, wie beispielsweise der Haut, übertragen werden, bewahrt man durch die Einhaltung der nachfolgend beschriebenen Grundsätze Muskeln, Bänder und die Haut vor einer vorschnellen Alterung. Der für ein regelmäßig durchzuführendes Bewegungsprogramm erforderliche Energiebedarf des menschlichen Körpers kann nur durch ausgewogene Kost bereitgestellt werden. Mit diesem Ratgeber einschließlich des ausführlichen Rezeptteils soll all jenen ein Leitfaden an die Hand gegeben werden, die sich nicht alleine auf die Einnahme von Schmerzmitteln verlassen wollen und bereit sind, ihren eigenen Beitrag zur wirksamen Linderung ihrer Arthrose zu leisten.

Gesundheit schätzt man erst, wenn man krank wird.

Deutsches Sprichwort

Dr. med. Christoph Schidlo
Dipl. oec. troph. Dagmar Fronius-Gaier

Aktiv gegen Arthrose

Grundwissen Arthrose

Häufig resignieren Menschen, die Arthrose haben: »Das ist Verschleiß, da kann man nichts machen«, denken sie und lassen den Dingen ihren Lauf. Doch wenn Sie die Krankheit besser kennen lernen, werden sie sehen, dass gerade im Fall der Arthrose sehr vieles in Ihrer Hand liegt, um die Entwicklung zum Besseren oder Schlechteren zu führen. Mit den Informationen dieses Kapitels halten Sie wertvolles Wissen in den Händen, mit dem Sie weder die Arthrose noch die oft damit verbundenen Schmerzen zu fürchten brauchen.

Volkskrankheit Arthrose

Die Arthrose, die Abnutzung eines oder mehrer Gelenkknorpel, ist die weltweit häufigste Gelenkerkrankung. Alleine in Deutschland sind oder waren über 20 Millionen Menschen schon einmal wegen ihrer Arthrosebeschwerden in ärztlicher Behandlung. Bei immerhin 5 Millionen Deutschen sind die Beschwerden so ausgeprägt, dass sie aufgrund einer weit fortgeschrittenen Arthrose an chronischen Schmerzen leiden.

Doch selbst wenn Sie von diesem Stadium der Krankheit betroffen sind, müssen Sie nicht resignieren und sich mit den Schmerzen abfinden. Arthrose ist zwar eine Verschleißerscheinung, und der entstandene Schaden kann nicht rückgängig gemacht werden, doch gegen die Schmerzen können Sie ebenso viel tun wie diejenigen, bei denen die Erkrankung noch in den Kinderschuhen steckt. Wichtig ist zunächst, sich gut über die Erkrankung zu informieren, denn so werden Sie in Zukunft vieles meiden können, was die Krankheit fördert und Ihnen schadet.

Die Arthrose ist eine Abnutzungserscheinung der Gelenke, die sich etwa ab dem zwanzigsten Lebensjahr mit typischen Anzeichen bemerkbar macht.

Der Beginn

Die Arthrose beginnt oft unbemerkt in den kleinen Gelenken der Halswirbelsäule. Etwa ab dem zwanzigsten Lebensjahr nehmen Sie die ersten Symptome wahr – ein leises Knirschen und Reiben bei der Kopfdrehung. Nur in den seltensten Fällen gehen die ersten Arthrosesymptome der Wirbelsäule gleich mit Beschwerden einher, und so reagieren wir zunächst meist in keiner Weise auf diese ersten Signale der Erkrankung.

Erste Schmerzen

Ab dem dreißigsten Lebensjahr beginnt meist der langsame Verschleiß der kleinen Gelenke der Brust- und Lendenwirbelsäule mit ersten Schmerzen. Diese treten nach bestimmten Belastungen lokal an der unteren Lendenwirbelsäule auf – genau im Über-

WARNSIGNALE

Anzeichen der Arthrose

- Lokale Schmerzen über dem Steißbein nach längerem Stehen, einseitigem Sitzen in ungünstiger Haltung sowie zu langem Liegen im Bett.
- Intuitive Bewegungen zur Linderung von meist leichten Beschwerden der Hals- und Lendenwirbelsäule: Drehen des Kopfes, Verteilung der Belastung im Stehen von einem Bein aufs andere, Entlastungshaltungen im Bett.
- Gelenkverformungen und Flüssigkeitsansammlung (Finger- und Kniegelenk)
- Reibegeräusche im Knie
- Steife Gelenke am Morgen. Die Beschwerden vergehen zunächst, wenn Sie »warm« sind, werden aber im Lauf des Tages wieder stärker.

Schon die ersten Warnsignale sollten Sie ernst nehmen und energisch gegensteuern.

gangsbereich zum Kreuzbein und Becken mit Schmerzen. Ist die Halswirbelsäule stärker betroffen, versuchen Sie beginnende Beschwerden mit kleinen Bewegungen zu lindern. Sie drehen den Kopf zur Seite und/oder neigen den Kopf nach vorne – zur Dehnung der Halswirbelsäule. Sie wechseln beim Stehen von einem Bein auf das andere, um die Lendenwirbelsäule zu entlasten.
Im Bett verdrehen Sie den Oberkörper gegen den Unterkörper wie eine Spirale. Oder Sie krümmen den Oberkörper in Seitenlage mit einem ausgeprägten Rundrücken unter Bildung eines Katzenbuckels zur Seite ein.

Leben mit der Arthrose

An den Armen und Beinen tritt die Arthrose meist erst im dritten oder vierten Lebensjahrzehnt auf. Nur in sehr seltenen Fällen sind alle Gelenke auf einmal betroffen, meist beginnen die Beschwerden entweder an den Finger- oder Kniegelenken. Ihnen selbst oder Ihrer Umgebung fallen Gelenkverformungen im Sinne einer Verdi-ckung oder Verklumpung der Fingergelenke auf.

Ebenso kommt es zu Flüssigkeitsansammlungen in den Kniegelenken. Oft sind auch beim Treppensteigen Reibegeräusche im Kniegelenk zu spüren. Typischerweise kommt es beim Gelenkverschleiß an Armen und Beinen zu einer morgendlichen Steifheit mit Anlaufschmerzen in den ersten Minuten. Ist das Gelenk erst einmal warm, sind also die das Gelenk umgebenden Bänder und Kapseln weich geworden, so klingen die anfänglichen Arthrosebeschwerden meist rasch wieder ab. Kommt es dann im Tagesverlauf jedoch zu einseitigen vermehrten Belastungen, wie häufigem Bücken, Arbeiten in Zwangslage oder anhaltendem Stehen, so treten nach Erreichen der Belastungsgrenze im Tagesverlauf erneut Schmerzen in den Gelenken auf.

Ein Gelenk ist die bewegliche Verbindung zwischen zwei Knochen. Sie werden durch die Gelenkkapsel zusammengehalten, die aus verstärkten Bändern besteht und innen von der Gelenkhaut ausgekleidet ist. Die Knochenenden sind im Gelenk meist etwas verdickt, dem Bewegungszweck entsprechend geformt und mit einer Schicht von Gelenkknorpel überzogen.

Viele Ursachen – ein Schmerz

Kurz gesagt wird ein Gelenk nicht krank, weil es bewegt wird. Wird es aber auf die eine oder andere Art falsch bewegt oder liegt eine Erkrankung vor, die das Gelenk schwächt, dann wird es beim Bewegen permanent leicht verletzt oder verformt und reagiert nach einiger Zeit mit Verschleiß und Schmerzen.
Unsere wichtigsten Gelenke sind

- Finger- , Hand-, Ellenbogen- und Schultergelenke
- Die Wirbelsäule mit ihren Hals-, Brust- und Lendenwirbeln.
- Hüftgelenke, Knie, Knöchel und die Zehengelenke.

An jedem dieser Gelenke kann sich eine Arthrose bilden.

Innere und äußere Ursachen

Eine wesentliche Ursache für die Entstehung einer Arthrose ist mit Sicherheit eine bisher noch nicht eindeutig identifizierte genetische Veranlagung.
Neben dieser vererbbaren Neigung zu verfrühtem Gelenkverschleiß können jedoch zahlreiche äußere Faktoren die Abnützung des Gelenkknorpels begünstigen.

- Verletzungen in jungen Jahren wie Risse und andere Verletzungen der Kreuzbänder oder Menisken
- Schlecht verheilte Knochenbrüche mit Stufenbildungen im Gelenk oder Übergewicht.
- Ebenso können angeborene Fehlstellungen wie X- oder O-Beine, eine Fehlentwicklung der Hüftgelenke (Dysplasie, Hüftluxation) sowie Durchblutungsstörungen des Knochens zur Entwicklung einer Arthrose führen.

Durch diese Veränderungen kommt es zu einer Fehlbelastung im Gelenkspalt, der Gelenkknorpel kann dem Druck nicht mehr standhalten und nutzt sich durch die falsche Belastung ab.

Da die Arthrose zum Formenkreis der rheumatischen Erkrankungen gehört, sollten Sie Ihren Rheumafaktor vom Arzt bestimmen lassen.

Krankheiten mit Folgen

Auch eine Reihe von Erkrankungen schadet den Gelenken so, dass sie einer Belastung durch die Bewegung nicht mehr gewachsen sind.

- Entzündliche Gelenkerkrankungen wie Gicht oder chronische Polyarthritis schwächen und zerstören den Gelenkknorpel.
- Verliert der unter einem Gelenk liegende Knochen durch eine Osteoporose an Stabilität oder treten Durchblutungsstörungen durch Nikotingenuss oder Diabetes auf, so führt auch die daraus resultierende Verformung der Knochen und Gelenke zu einem vorzeitigen Gelenkverschleiß.

Eine Krankheit mit Bewegung

Die Arthrose verläuft grundsätzlich von Beginn an chronisch, das heißt, sie entwickelt sich schleichend und langsam. Unterbrochen wird dieser chronische Verlauf der Arthrose jedoch immer durch akute Krankheitsschübe, die so genannte aktivierte Arthrose. Diese Schübe treten häufig nach einer ungewohnten oder übermäßigen Belastung, wie schwere Gartenarbeit oder ungewohnte sportliche Betätigung auf.

Im Endstadium der Arthrose ist der Gelenkknorpel vollkommen verschwunden, das Gelenk ist stark verdickt und oftmals in seiner Beweglichkeit eingeschränkt.

Sie müssen nicht leiden

Unabhängig davon hat die Natur den Menschen mit einer erstaunlichen Fähigkeit zur Anpassung an die unterschiedlichsten Lebenssituationen ausgestattet. So können viele Menschen ihre fortgeschrittene Arthrose mit erheblichen Bewegungseinschränkungen durch Ausgleichsbewegungen gut kompensieren und verspüren meist keinen Leidensdruck, der sie veranlasst, besondere Maßnahmen zu ergreifen. Der Verlauf der Krankheit kann heutzutage sehr gut durch Röntgenaufnahmen, Ultraschalluntersuchungen und Kernspintomographien überwacht und kontrolliert werden.

Lassen Sie Ihre Arthrose regelmäßig vom Arzt kontrollieren. So ist gewährleistet, dass rechtzeitig notwendige Maßnahmen ergriffen werden können.

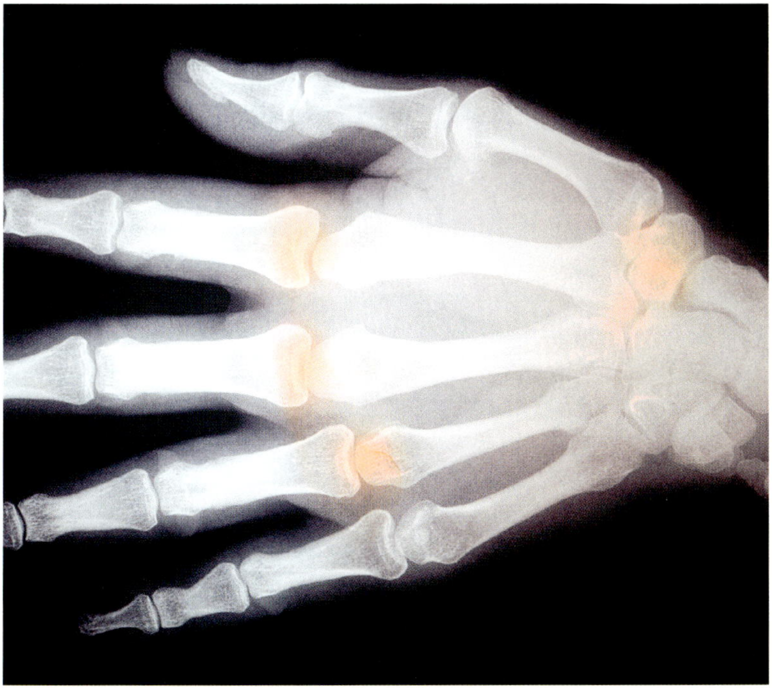

Hand- und Fingergelenke sind besonders häufig von Arthrose betroffen.

Das kann der Arzt für Sie tun

Im Fall der aktivierten Arthrose stehen Maßnahmen im Vordergrund der Behandlung, die Ihre akuten Beschwerden lindern.

Nicht jedes Auftreten einer Arthrose muss sofort intensiv behandelt werden. Sehr häufig kommt man mit leichten bis mittelschweren Einschränkungen der Gelenkfunktion gut zurecht, verspürt kaum irgendwelche Schmerzen und benötigt deshalb auch keine Schmerzmittel oder eingreifende Operationen.

Kommt es jedoch zu starken Schmerzen, so muss man zwischen einer chronischen und akuten, also aktivierten Arthrose unterscheiden.

Die chronische Arthrose kann durch eine gezielte Ernährung und ein Aktivprogramm kontrolliert werden. Sind nicht zu viele Gelenke betroffen, sollte man auf Schmerzmittel oder Spritzen in die Gelenke verzichten.

GEHEN SIE ZUM ARZT

Im »normalen«, chronischen Stadium fällt lediglich eine Verdickung und Deformierung der Gelenke auf und nur gelegentlich ist ein Reiben oder Knirschen beim Bewegen des Gelenks zu spüren. Bei einem akuten Schub kommt es jedoch zu einer Rötung und Schwellung des Gelenkes, das sich außerdem auch heiß anfühlt. Da sich eine harmlose aktivierte Arthrose von einer akuten Gelenkentzündung bei einem bakteriellen Infekt oder auch von einem Gichtanfall kaum unterscheidet, sollten Sie bei derartigen Symptomen dringend einen Orthopäden aufsuchen – der Arzt erkennt die Unterschiede und kann Sie entsprechend behandeln.

Obwohl Sie wie jeder, der an Schmerzen leidet, dem Schmerz ausweichen wollen, müssen Sie sich vor allem bei der chronischen Arthrose in Absprache mit Ihrem Arzt bewegen.

Bewegen oder nicht?

Auch wenn es weh tut – Bewegung ist bei Arthrose richtig und wichtig.

- Bei einem auf die Arthrose abgestimmten Bewegungsprogramm werden die gelenkumgebende Muskulatur und die Bänder gedehnt sowie gekräftigt. Hier berät Sie Ihr Arzt.

- Nur in der akuten Phase der Arthrose mit Schwellung, Rötung und Überwärmung im Sinne einer aktivierten Arthrose, sollte das betroffene Gelenk für kurze Zeit entlastet werden.

Akupunktur wird heute bereits von sehr vielen Krankenkassen anerkannt und Sie erhalten die Kosten nach dem Einreichen der Arztrechnung von der Krankenkasse zurückerstattet.

Die Entzündung hemmen

Ebenso empfiehlt sich die Anwendung von Kältepackungen. Hierzu kann Eis in Plastiksäckchen verwendet werden, ideal sind auch die flexiblen Kühlelemente aus der Apotheke oder dem Sportartikelbedarf.

- Unterstützend können entzündungshemmende, kühlende Umschläge mit Quark oder Arnika zum Einsatz kommen.
- Nur in Extremfällen ist eine Ruhigstellung mittels stabilem Verband oder Gipsbehandlung erforderlich. Wenn überhaupt, sollte diese nur für wenige Tage erfolgen, da ansonsten die Gefahr einer raschen Einsteifung der Gelenke besteht.

Zum Physiotherapeuten

Kann durch die Ernährung (→ Seite 28 ff.), das persönliche Bewegungsprogramm und die kurzfristige Einnahme von entzündungshemmenden Schmerzmitteln nach drei bis fünf Tagen keine Besserung erzielt werden, so wird der Arzt unterstützend physiotherapeutische Maßnahmen wie eine gezielte Krankengymnastik mit einer Elektrotherapie verschreiben.

Schmerzmittel und Gelenkinjektionen sollten immer nur kurzzeitige Anwendungen sein. Sie können die Schmerzen lindern, aber nicht heilend ins Geschehen eingreifen.

WARUM TABLETTEN HELFEN

In diesem Zusammenhang sei erwähnt, dass die meisten Rheumatabletten und Schmerzmittel aus dem Formkreis der NSAR (nichtsteroidalen Antirheumatika) entstammen, also weniger reine Schmerzmittel als vielmehr ein Schmerzmittel mit einer sehr guten entzündungshemmenden Wirkung darstellen. Wird durch die Tablette die lokale Entzündung in dem betroffenen Gelenkabschnitt oder der Wirbelsäule gelindert, so tritt auf diesem Wege auch eine Schmerzbesserung ein.

Weitere Maßnahmen

- Zur Entlastung eines geschwollenen Gelenkes kann auch eine Gelenkpunktion, also das Absaugen der im Übermaß produzierten Gelenkflüssigkeit sehr hilfreich sein.
- In das Gelenk gegebene Spritzen können mit einem Cortisonpräparat kurzfristig sehr effizient sein, da sie den Entzündungskreislauf wirksam unterbrechen und somit eine Gelenkerholung ermöglichen.

  Derartige Gelenkinjektionen sollten jedoch nicht öfter als weitere zwei Mal in entsprechendem zeitlichem Abstand von mindestens zwei Wochen wiederholt werden, da Gelenkinjektionen selbst das Risiko einer von außen eingebrachten Gelenkinfektion in sich tragen und bei zu häufiger Anwendung auch das Gelenk selbst schädigen können.

Mittel der Naturheilkunde

Wenden Sie auch die empfohlenen Mittel der Naturheilkunde ebenfalls immer in Absprache mit Ihrem Arzt an.

Neben der Schulmedizin werden heute vermehrt auch schon alternativ-medizinische Verfahren und Techniken eingesetzt. Obwohl weder Nahrungsergänzungsmittel noch eine alternativmedizinische Behandlung oder eine Nahrungsumstellung sicher zur Heilung der Arthrose führen, tritt durch die Anwendung dieser Verfahren doch zumindest eine spürbare Linderung der Symptome ein. So wie ein Gelenkerguss oder eine Gelenkentzündung durch naturheilkundliche Maßnahmen abnehmen werden, helfen diese Maßnahmen häufig dabei, das Fortschreiten der chronischen Arthrose zum Stillstand zu bringen.

Als besonders wirksam haben sich zur Behandlung einer chronischen Arthrose folgende Maßnahmen erwiesen.

- Nahrungsergänzungsmittel wie Glukosaminsulfat oder Chondroitin (→ Seite 35).
- Elektrotherapie zur Schmerzlinderung – hier vor allem das TENSGerät
- Akupunkturbehandlung

- In vielen Fällen war auch eine Behandlung mit Magnetfeldern wie mit PST (pulsierende Signaltherapie) sehr erfolgreich.

Sprechen Sie also Ihren Arzt auch einmal auf die Möglichkeit an, solche naturheilkundlichen Maßnahmen in Ihrem Fall anzuwenden. Viele Ärzte sind gerne dazu bereit.

HIER HILFT EINE OPERATION

Bei der Entstehung einer Arthrose spielt die falsche Belastung eines Gelenkes eine große Rolle. Diese so genannten Fehlbelastungen entstehen meist durch angeborene Fehlstellungen wie beispielsweise O- oder X-Beine, aber auch durch erworbene Fehlstellungen wie schlecht verheilte Knochenbrüche mit Stufenbildung im Gelenk. Werden solche Fehlstellungen rechtzeitig erkannt, können sie durch spezifische Einlagen oder auch operative Eingriffe beseitigt werden. Damit wirkt man der späteren Entstehung einer Arthrose wirksam entgegen.

Ein Wort zum Stand der Operationstechniken

Ein Gelenkknorpel, der nur leicht angegriffen ist (Chondromalazie), kann sich durch die oben genannten Maßnahmen sehr gut erholen. Ist der Gelenkknorpel jedoch einmal völlig zerstört, steht bis heute keine geeignete Therapie zur Verfügung, um einen neuen Gelenkknorpel wachsen zu lassen.

Noch lässt sich eine Arthrose nicht operativ verbessern. Wenn aber angeborene oder erworbene Schiefstellungen der Knochen durch eine Operation behoben werden können, hört die Fehlbelastung der Gelenke auf und das Arthroserisiko ist gesenkt.

Die häufig zu lesenden Methoden der Knorpelzellverpflanzung oder Knorpelzellzüchtung sind in der Regel für ein von der Arthrose befallenes Gelenk nicht geeignet.

Diese beiden Verfahren können für Knorpeldefekte von maximal zwei bis vier Zentimeter Durchmesser bei noch gesundem Umgebungsknorpel angewendet werden. Bei einer Arthrose sind jedoch meist größere Areale in den Gelenken verschlissen. Die Umgebungsstrukturen wie der verbliebene Gelenkknorpel, die stabilisierenden Bänder und Kapseln, sind meist ebenso angegriffen wie der Knorpel und können sich nicht mehr erholen.

Helfen Sie mit!

Neben den medizinischen Mitteln und Möglichkeiten, die in der Verantwortung Ihres Arztes liegen, haben Sie selbst jedoch vieles in der Hand, um aktiv und heilend in das Geschehen in Ihrem Körper einzugreifen. Beachten Sie bei der chronischen Arthrose zunächst die folgenden einfachen Grundsätze.

Wenn Sie Ihre Lebensweise nur in fünf Punkten an Ihre Erkrankung anpassen, werden sich Ihre Beschwerden deutlich verbessern.

1. Abwechslung. Be- und entlasten Sie die Gelenke im Wechsel.
2. Gewicht reduzieren. Wenn Sie Übergewicht haben, müssen Sie abnehmen.
3. Längere einseitige körperliche Anstrengungen vermeiden.
4. Keine Spitzenbelastungen. Meiden Sie Sportarten mit hektischen und anstrengenden Bewegungen für die Gelenke wie Squash.
5. Halten Sie sich warm und trocken. Kälte und Nässe schaden Ihnen. Schützen Sie sich rechtzeitig zum Beispiel durch warme Kleidung, das Tragen von Handschuhen im Freien oder ausreichendem Heizen in der Wohnung.

Schon diese fünf Änderungen im Verhalten beeinflussen die Krankheit ganz entschieden positiv.

Mäßige Bewegung hilft, die Folgen der Arthrose zu lindern.

Bewegen Sie sich

Ein normal funktionierendes Gelenk kann niemals durch die für das Gelenk vorgesehene Bewegung geschädigt werden. Das heißt, dass beispielsweise das ständige Strecken und Beugen des Kniegelenks an sich nicht zur Kniegelenksarthrose führt – solange keine anderweitigen schädlichen Faktoren hinzutreten.
Belasten Sie dagegen das Kniegelenk falsch oder schief, so führt dies in jedem Fall zu einem vorzeitigen Gelenkverschleiß. O-Beine, häufiges Springen, starke Überbelastung durch körperliches Übergewicht oder auch einseitiges Knien ohne entsprechende entlastende Ausstreckbewegungen gehören zu den Faktoren, die den Gelenkknorpel schädigen sowie die gesamte Umgebung des Gelenks. Deshalb sind von einer Arthrose immer auch der darunter liegende Knochen, die Gelenkschleimhaut, die angrenzenden Sehnen und stabilisierenden Muskeln betroffen. Es ist jedoch niemals zu spät, aktiv gegen eine Arthrose vorzugehen. Selbst im Stadium der leichten und mittelschweren Arthrose können Sie durch ein gezieltes Bewegungsprogramm den weiteren Knorpelverschleiß bremsen.

Im Rahmen der körperlichen Anstrengung kommt es zur Ausschüttung von Glückshormonen (Endorphine) im menschlichen Körper. Sie bauen depressive Stimmungslagen ab und erhöhen die Schmerzschwelle im Körper.

Pluspunkt Muskeln

Ein regelmäßiges Dehnungs- und Kräftigungstraining ist für die einzelnen Muskeln und Gelenke ideal, um die Arthrose zu stoppen und sogar, um sie zu verbessern. Es stärkt in erster Linie die Muskeln, die eine wesentliche, eine schützende und stützende Funktion für das Gelenk haben.
Werden die Muskeln nicht ausreichend bewegt und gedehnt, so verkürzen sich die Muskeln, aber auch die Sehnen und Bänder. Es kommt dadurch zu einer stärkeren Belastung auf das erkrankte Gelenk und damit auch zu größeren Schmerzen.
Zusätzlich werden die Kapseln und Bänder rund um das Gelenk durch die mangelnde Bewegung auch nicht ausreichend durchblutet. Sie verlieren ihre natürliche Elastizität, werden porös und

dick. Das Gelenk versteift und die für den Gelenkknorpel lebenswichtige Gelenkschmiere wird nicht mehr ausreichend produziert. Durch all diese Mechanismen werden Ihre Schmerzen schlimmer und in den meisten Fällen, hören Betroffene auf, das Gelenk überhaupt zu bewegen.

Den Teufelskreis durchbrechen

Ohne ausreichende Bewegung baut sich jedoch der Knorpel in den menschlichen Gelenken noch schneller ab. Da die Knorpelzelle selbst nur über eine sehr schlechte Blutversorgung verfügt, benötigen Knorpel das ständige Wechselspiel zwischen Be- und Entlastung. Denn nur dieses so genannte Auswalken erhält den Gelenkknorpel elastisch und geschmeidig. Er kann vom umliegenden Gewebe leichter ernährt werden.

Die fünf besten Sportarten für Sie

Viele Menschen, die mit gutem Willen mit einem Sport anfangen, hören wieder auf, weil sie die körperliche Aktivität erschöpft. Bedenken Sie bitte, dass auch Sportarten erlernt werden müssen – und dass Sie kein Kind mehr sind, das einen Sport oft im Handumdrehen erlernt.

Neben Yoga oder gezielter Gymnastik, die Sie in Volkshochschulkursen, in entsprechenden Kursen der Krankenkassen oder in einem vom Arzt verschriebenen Training beim Physiotherapeuten erlernen können, stehen Ihnen eine Fülle von geeigneten Sportarten zur Auswahl. Wichtig ist dabei vor allem eins – die regelmäßige körperliche Aktivität.

Am schonendsten für die Gelenke sind sicherlich

- Schwimmen
- Radfahren.

Je nach körperlicher Fitness können Sie jedoch auch andere Ausdauersportarten ausüben. Empfehlenswert sind

- leichtes Joggen
- Nordic Walking
- Rudern auf dem Ergometer

Unabdingbar ist dabei nur eins – das Benutzen eines Pulsmessers. Gehen Sie vor der Aufnahme der körperlichen Betätigung am besten zu einem Sportmediziner, um mit ihm nach einer entsprechenden Untersuchung die für Sie am besten geeigneten Pulsfrequenzbereiche festzulegen. Sie werden wahrscheinlich erstaunt sein, welch niedrige Frequenzen bereits ausreichen, um einen positiven Trainingseffekt zu erzielen – und um das Übergewicht zu reduzieren, das im Kampf gegen die Arthrose und für die Gesundheit Ihrer Gelenke eine Schlüsselfunktion ausübt.

RICHTIG ANFANGEN UND DRAN BLEIBEN

Wer länger keinen Sport getrieben hat, macht meist den Fehler, sich von Beginn an zu sehr zu verausgaben.

- Weder bei der Gymnastik noch beim Ausdauertraining ist es wichtig, möglichst viel zu schwitzen und am Ende der Trainingseinheit erschöpft auf den Boden zu sinken.
- Das A und O ist die Regelmäßigkeit der mindestens dreimal pro Woche à jeweils 30 Minuten durchzuführenden Betätigung.

Weg mit den überflüssigen Pfunden!

Hätten Sie gedacht, dass die Hauptursache für die häufigste Fehlbelastung der Gelenke das Übergewicht ist? Die berufliche Situation der meisten Menschen lässt kaum noch Freiraum für ausreichend körperliche Aktivität – zumindest glaubt jeder, keine Zeit mehr dafür zu haben. Durch ständiges Sitzen, mangelnde Bewegung und einseitige Ernährung kommt es bereits in jungen Jahren oft zu einer schleichenden Fettleibigkeit, die gravierende Konsequenzen für den vorzeitigen Gelenkverschleiß nach sich zieht. Abnehmen fällt jedoch den meisten Menschen sehr schwer.

Übergewicht belastet vor allem die Gelenke. Wenn Sie abnehmen, fühlen sie sich nicht nur wohler. Sie entlasten die Gelenke und schaffen Voraussetzungen für Gelenkgesundheit.

Abnehmen leicht gemacht

Zunächst gilt es, die eigenen Lebens- und insbesondere die Essgewohnheiten zu verändern. Das ist an sich schon ein großes Unterfangen, aber da bereits Jugendliche in erschreckendem

Ausmaß an Fettleibigkeit leiden, sind die Ernährungsfehler oft schon alt und führen eine gewisses Eigenleben, das ein Abnehmen nicht leichter macht. Dabei sind die erfolgreichen Strategien gegen das Übergewicht bekannt und nicht besonders kompliziert.

- Kombiniert man körperliche Aktivität mit einer ausgewogenen vitamin- und ballaststoffreichen Ernährung unter Vermeiden von zuviel Süßigkeiten und Knabbergebäck, lassen sich nach vier bis sechs Wochen deutliche Erfolge verzeichnen.
- Es ist günstiger, sich eine dauerhafte Gewichtsabnahme von einem Kilogramm pro Monat vorzunehmen, als mit einer Radikaldiät innerhalb von drei Wochen fünf Kilogramm abzunehmen.

Wenn Ihnen das Abnehmen Probleme bereitet und sie vielleicht schon die x-te Diät angefangen haben, sollten Sie es einmal mit einer Gruppe versuchen. Neben »professionellen« Anbietern, die über viel Erfahrung verfügen, gibt es auch private Initiativen. Auch engagierte Ärzte oder Ernährungswissenschaftler bieten Kurse an.

So kann man auch den so genannten Jojo-Effekt umgehen, dem man es verdankt, wenn die Waage vierzehn Tage nach mehreren entbehrungsreichen Wochen wieder sechs Kilogramm mehr anzeigt.

Fasten als Sofortmaßnahme

In der so genannten Erfahrungsheilkunde werden zur Behandlung diverser chronischer Erkrankungen seit langem verschiedene Fastenkuren angeboten. Meist erfahren auch an Rheuma Erkrankte eine Besserung ihrer Symptome. Die Ursachen hierfür sind nur teilweise wissenschaftlich belegt. Doch dürfte ein wesentlicher Grund für die Linderung entzündlicher Gelenkbeschwerden die beim Fasten radikal verminderte Zufuhr der Arachidonsäure sein.

Sie ist ein natürlicher Bestandteil bestimmter Lebensmittel wie Fleisch, der Entzündungen, die im Körper bestehen, noch fördert. Durch eine Verringerung der Arachidonsäurehaltigen Kost beim Fasten wird also die Entzündungsreaktion im Körper gebremst, und Sie verspüren eine nachhaltige Besserung Ihrer schmerzhaften Beschwerden.

Bei einem normalgewichtigen Menschen ist das Fasten für zwei bis drei Tage in der Regel nicht gesundheitsschädlich, dennoch sollten Sie vor einer Fastenkur den Hausarzt auf eventuelle Risiken hin befragen.

- Wichtig bei allen Fastenkuren: Man muss auf eine ausreichende Flüssigkeitszufuhr achten und sollte mindestens zwei Liter pro Tag trinken (am besten kohlensäurefreie Mineralwasser).
- Schädlich ist die übermäßige Nutzung von Abführmitteln, da sie dem Körper wichtige Mineralstoffe und Spurenelemente entziehen, die während einer Fastenkur dringend nötig sind.
- Achtung: Häufiges und übermäßiges Fasten führt leicht zu einer Fehlernährung. Sie können durch eine entzündungshemmende Kost Ihren Gesundheitszustand am besten fördern. Dennoch kann Fasten eine Verbesserung bringen – oder ein Einstieg in eine Änderung der Ernährungsweise bedeuten, da viele Menschen sich nach dem Fasten für eine natürlichere Ernährungsweise entscheiden.

Wenn Sie noch nie gefastet haben, sollten Sie das Fasten am besten mit dem Beistand Ihres Hausarztes machen – oder, wenn Ihnen das möglich ist, in eine ausgewiesene Fastenklinik gehen.

SONDERFALL ALLERGIEN

Wenn Sie vermuten, dass die Unverträglichkeit bestimmter Nahrungsmittel zu einer Verschlechterung Ihrer Arthrose führt, sollten Sie und/oder Ihr Arzt ein exaktes Protokoll führen.

- Sie notieren den Zeitpunkt des Auftretens der Beschwerden, die Einnahme von Medikamenten und die Nahrung.
- Ergibt sich daraus Hinweise auf bestimmte, verdächtige Lebensmittel, sollten diese künftig vermieden werden.
- Auch bei einer latenten Erhöhung der Harnsäure, die zu gichtähnlichen Anfällen führen kann, sollte ein genau geführtes Protokoll Hinweise geben, inwiefern besonders harnsäurehaltige Nahrungsmittel Gelenkbeschwerden auslösen.
- Selbstverständlich sollten Sie bei einer bekannten Allergie (Milch, Getreide) auch bei einer Arthrosediät auf diese Allergene verzichten.

Schmerzen natürlich lindern

Brennnesselkraut/-blätter (Urticae herba/folium)

Zur Wirkung der Brennnessel wurden umfangreiche wissenschaftliche Tests durchgeführt, die die ausgezeichnete Wirkung der Heilpflanze bestätigen konnten.

Die Erfahrungsheilkunde kennt seit langem die schmerzlindernde Wirkung von Brennnesselextrakten bei von Arthrose befallen und entzündlichen Gelenkbeschwerden. In den letzten Jahren wurde der Mechanismus dieser erfolgreichen Schmerzlinderung wissenschaftlich belegt. In Langzeitstudien mit Brennnesselextrakten konnten Betroffene häufig mit deutlich weniger der klassischen Schmerzmittel auskommen – ohne dass schwerwiegende Nebenwirkungen zu beobachten gewesen wären.

Heilkräuter tragen seit Jahrhunderten zur Linderung von Beschwerden bei.

Durch den Knorpelabrieb im erkrankten Gelenk werden bestimmte Bausteine (Makrophagen aus der Gruppe der weißen Blutkörperchen) ins Gelenk hineingeschwemmt, die dort entzündungsfördernde Botenstoffe (Zytokine) ausschütten. Brennnesselextrakte hemmen diese Zytokine in ihrer Tätigkeit und somit besteht bereits im Frühstadium der Arthrose die Möglichkeit, die Knorpelzerstörung zu verhindern. Die im Labor synthetisch hergestellten Zytokine-Hemmer haben – im Gegensatz zu den Brennnesselextrakten – zum Teil noch sehr starke Nebenwirkungen.

Teufelskrallenwurzel (Harpagophyti radix)

Die Teufelskrallenwurzel enthält mit den Substanzen Harpagosid und Procumbid gleich zwei entzündungshemmende Stoffe. In experimentellen Untersuchungen konnte nachgewiesen werden, dass diese die entzündungsauslösenden Botenstoffe hemmen, knorpelabbauende Enzyme wie die Kollagenase blockieren und die Produktion des entzündungsfördernden Botenstoffes Interleukin II verhindern.
Bei Arthrose, chronischer Polyarthritis, Weichteilrheumatismus und Nervenschmerzen konnte Teufelkrallenwurzel die Schmerzen linden und die Beweglichkeit wieder verbessern.

- Die Teufelskralle kann sowohl als Tee getrunken wie auch in Kapselform eingenommen werden.

Weidenrinde (Salicis cortex)

Bereits Hippokrates (460–377 v. Chr.) empfahl die Weidenrinde zur Behandlung entzündlicher Schmerzzustände. Im Unterschied zum synthetisch hergestellten Arzneimittel wie Aspirin ist das natürliche Weidenrindenextrakt sehr magenfreundlich, da es erst nach der Magen-Darmpassage in die Salicylsäure umgewandelt wird. Wegen seiner guten Verträglichkeit eignet sich das Weidenrindenextrakt auch bestens zur längerfristigen Einnahme bei fortgeschrittener Arthrose.

Anfang des 19. Jahrhunderts konnten Wissenschaftler die Substanz Salicin aus der Weidenrinde isolieren. Später wurde dieser Wirkstoff synthetisch unter dem Namen Acetylsalicylsäure (ASS) hergestellt, der jedem unter dem gebräuchlichen Namen Aspirin bekannt sein dürfte.

Weihrauch (Boswellia serrata)

Ein Jahrtausende altes Naturheilmittel ist der Weihrauch. Neben zahlreicher anderer Bestandteile scheint die Boswelliasäure die entzündungslindernde Substanz der Weihrauchpflanze zu sein. Sie hemmt die Botenstoffe der Entzündungsreaktionen; es kommt zum Abschwellen der gereizten Gelenkkapsel und eine anhaltende Besserung der Beschwerden tritt ein. Bis auf seltene allergische Hautreaktionen oder leichtes Unwohlsein wurden keine gravierenden Nebenwirkungen beobachtet.

Schwefel

Äußerlich angewandter Schwefel in Form von schwefelhaltigen Bädern oder dem schwefelhaltigen Moorschlamm bzw. Fango wirken direkt schmerz- und entzündungshemmend.

Die schwefelhaltigen Aminosäuren Methionin und Zystein sind wichtige Bausteine für ein elastisches Bindegewebe und Gelenkknorpel. Über Kapillaren in der Haut gelangt der schwefelhaltige Wirkstoff Dimethyl Sulfoxid (DMSO) in die Blutbahn und Gelenkkapseln, hemmt dort entzündungsfördernde Enzyme und ist ein wirksames Antioxidans. Durch eine Hemmung der schmerzleitenden Nervenfasern tritt auf direktem Wege eine Linderung des Schmerzes ein. Ebenso regen schwefelhaltige Substanzen die Durchblutung an, was zu einer verbesserten Ernährung des arthrotischen Gelenkes und einer erhöhten Elastizität der eingesteiften Kapsel-Bandstrukturen führt.

- Schwefelverbindungen können auch in Tablettenform mit der Substanz Methylsulfonylmethan (MSM), z.B. in Aloe-Vera-Produkten, eingenommen werden. Wenn Sie gleichzeitig gerinnungshemmende Medikamente einnehmen, sollten Sie zuvor mit dem Arzt Rücksprache halten, denn Methylsulfonylmethan kann die Blutgerinnung beeinflussen.

Cayennepfeffer-Früchte (Capsici fructus acer)

Die in den Cayennepfeffer-Früchten enthaltene Substanz Capsaicin wirkt beim Auftragen auf die Haut rasch schmerzlindernd, entzündungshemmend und abschwellend. Das Capsaicin bewirkt über Botenstoffe in unserem Körper, dass die Schmerzweiterleitung im Rückenmark blockiert wird und die Ausschüttung weiterer schmerzverstärkender Botenstoffe verhindert. Eine lindernde Wirksamkeit bei schmerzhaften Muskelverspannungen und arthrotischen Schmerzen lassen sich oft nachweisen. Ebenso können die bei Diabetikern und Rauchern häufig anzutreffende schmerzhafte Polyneuropathie und die Nervenschmerzen beim Herpes zoster wirksam gelindert werden. Nur selten sind Nebenwirkungen wie lokale Hautentzündungen mit Blasenbildung und Pusteln zu beobachten.

Die in Chillischoten enthaltene Substanz Capsaicin wirkt entzündungshemmend.

Pfefferminzöl (Menthae piperitae aetheroleum)

Pfefferminzöl ist ein ätherisches Öl und hat nach dem Auftragen auf die Haut einen kühlenden Effekt. Das enthaltene Kalzium entspannt außerdem verkrampfte Muskelzellen.

- Reiben Sie schmerzende Stellen ein. Das Öl ist gut verträglich und Nebenwirkungen treten in der Regel nicht auf.

Vorsicht beim Umgang mit Pfefferminzöl: Bringen Sie es nicht versehentlich auf die Schleimhäute, besonders nicht in Augen. Sollte das doch einmal passieren, spülen Sie sofort mit viel klarem Wasser nach.

Gelatine

Gelatine wird durch einen Kochprozess aus den Häuten und Knochen von Rindern und Schweinen gewonnen und ist ein wichtiger Rohstoff in der Pharma- und Photoindustrie. Die Eiweiße der Gelatine haben eine ähnlich faserige Zellstruktur wie das Kollagen des Gelenkknorpels. Man geht davon aus, dass die Gelatine in der Nahrung dem Körper als Baustoff für die Regeneration des angegriffenen Gelenkknorpels dient.

Ananasenzym Bromelain

Die Ananas enthält unter anderem Bromelain, das Entzündungen hemmt und schmerzhafte Schwellungszustände abbauen kann. Eine ähnlich entzündungshemmende und somit schmerzlindernde Wirkung wird auch dem Enzym Papain aus der Papayafrucht zugesprochen, die im asiatischen Raum den Ruf eines regelrechten Fitmachers in allen Lebenslagen besitzt.

Die Heilkraft der Nahrung nutzen

Hand in Hand mit dem Bewegungsprogramm und einer vernünftigen Diät zur Gewichtsreduktion müssen die richtige Ernährung und bestimmte Formen der Ernährungstherapien gehen, wenn Sie auf lange Sicht Ihre Arthrose stoppen oder bessern möchten – das gilt für die chronische Arthrose ebenso wie für die aktivierte Arthrose.

Ziele der Ernährung bei Arthrose

Mit Sicherheit kann durch eine spezielle Arthrosediät die Ausprägung einer aktivierten Arthrose wirksam vermieden werden. Doch gilt es hier zu bedenken:

- Will man seine Ernährung umstellen, ist ein Zeitraum von mindestens drei, besser sechs Monaten erforderlich, bis sich gewünschte Erfolge einstellen können.
- Ebenso wichtig ist ein konsequentes Festhalten an der umgestellten Ernährung und das Vermeiden besonders schädlicher Nahrungsmittel – vor allem solcher mit viel Arachidonsäure.

Lebensmittel	Arachidonsäure mg/100 g verzehrbarer Anteil
Schweineschmalz	1700
Butter	83
Rindfleisch (Muskelfleisch)	70
Rinderleber	210
Kalbfleisch (Muskelfleisch)	53
Kalbsleber	352
Schweinefleisch (Muskelfleisch)	53
Schweineleber	870
Schweineschinken, geräuchert	130
Schweinespeck, durchwachsen	250
Leberwurst	230
Deutsche Salami	100
Huhn (Brust)	112
Truthahn (Brust)	50
Hühnerei	70
Eigelb	297

Quelle: Arachidonsäure in ausgewählten Lebensmitteln (Elmadfa, Ibrahim; Leitzmann, Claus »Ernährung des Menschen« Ulmer 1998)

Schon dann, wenn Sie bewusst auf den Gehalt an Arachidonsäure achten und die Lebensmittel meiden, die reich an dieser Säure sind, können sich Ihre Beschwerden deutlich verbessern.

Arachidonsäure reduzieren

Biochemische Forschungen haben ergeben, dass vor allem Fette, Fleisch und Eier Bestandteile enthält, die eine Entzündung der Gelenke verstärken und auslösen können wie die Arachidonsäure. Die Arachidonsäure gehört zur Gruppe der mehrfach ungesättigten Fettsäuren. Sie ist natürlicher Weise in tierischen Fetten enthalten, wird also über die Nahrung aufgenommen.

Durch eine Verringerung der arachidonsäurehaltigen Kost wird die Entzündungsreaktion im Körper gebremst und wer betroffen ist, verspürt eine Besserung seiner Beschwerden.

Hier ist einer der wesentlichsten Punkte, an denen Sie mit Ihrem Essverhalten den Dingen eine positive Wendung geben können.

Die Arachidonsäure fördert Entzündungsprozesse im Körper. Schränken Sie den Genuss von Lebensmitteln, die diese Säure enthalten, bei Arthrose stark ein.

SO MEIDEN SIE ARACHIDONSÄURE

In Milligramm ausgedrückt sollte die tägliche Zufuhr an Arachidonsäure 40–60 mg nicht überschreiten. Da die Einzeldosen des Gehalts an Arachidonsäure beispielsweise beim Fleischgenuss oftmals überschritten werden, kann man sich an einer wöchentlichen Aufnahmegrenze von 280–420 mg Arachidonsäure orientieren.

- Der höchste Arachidonsäuregehalt findet sich im Schweineschmalz und in der Leber, außerdem in Speck, Hühnerfleisch, Hühnereigelb, Tunfisch und Langusten.
- Den geringsten Arachidonsäuregehalt weisen Vollrahmkäse, Milchprodukte und Sardinen auf.
- Gar keine Arachidonsäure enthalten Früchte, Gemüse, Getreideprodukte, Sojabohnen, Hülsenfrüchte, Magermilch und gewisse pflanzliche Öle.
- Um weniger Arachidonsäure aufzunehmen, kann eine laktovegetarische Ernährung hilfreich sein. Dabei trinkt man nur fettarme Milch, isst nur zweimal wöchentlich Fleisch und reduziert die Zufuhr tierischer Fette.
- Beim Fasten nehmen Sie keinerlei Speisen, also auch keine Arachidonsäure zu sich.

Vorteil Omega-3-Fettsäuren

Eine zweite Gruppe von Nahrungsinhaltsstoffen, die bei Arthrose im Blickfeld stehen, sind die in Ölen und Fetten enthaltenen Säuren – vor allem die Linolsäure und Alphalinolensäure. Beide sind essentielle Fettsäuren, das heißt, der Körper kann sie nicht selbst herstellen. Sie müssen über die Nahrung aufgenommen werden. Beides sind mehrfach ungesättigte Fettsäuren und kommen insbesondere in Speiseölen vor (→ Seite 46).

Die Omega-3-Fettsäuren sind die Gegenspieler der Arachidonsäuren. Essen Sie bewusst Lebensmittel mit den »guten« Omega-3-Fettsäuren.

- Die Linolsäure ist eine Omega-6-Fettsäure. Sie wird im menschlichen Körper über Zwischenschritte zur Arachidonsäure umgewandelt, ist also entzündungsfördernd. Da linolsäurehaltige Fettsäuren vor allem in Sonnenblumen- und Distelöl enthalten sind, sollte man diese Öle meiden.
- In Leinöl, Rapsöl oder Walnussöl dagegen ist zu hohen Anteilen die so genannte Alphalinolensäure enthalten. Diese Säure kann vom Organismus in EAP (Eicosapentaensäure) umgewandelt werden, die Entzündungen hemmt. Wenn Sie also Sonnenblumen- und Distelöl durch Lein-, Raps- oder Walnussöl ersetzen, meiden Sie nicht nur die letztlich entzündungsförderne Linolsäure. Die Alphalinolensäure bremst außerdem die Umwandlung der Linolsäure in die entzündungsfördernde Arachidonsäure.
- Verantwortlich für die Umwandlung der Linolsäure zur Arachidonsäure ist unter anderem die Gammalinolensäure. Während dies im Körper nur in äußerst geringen Mengen geschieht, kann die Gammalinolensäure, die natürlicher weise in Kürbiskernöl, Sesamöl oder Borretschöl enthalten ist, auf der anderen Seite entzündungshemmende Botenstoffe (Eikosanoide) produzieren.

Achten Sie eine Woche lang darauf, bewusst Omega-3-Fettsäuren zu sich zu nehmen und vergleichen Sie Ihre Befindlichkeit nach 7 Tagen mit dem Ausgangszustand!

Daher sind neben den Fischölkapseln mit der Eicosapentaensäure (EPA) auch Kapseln mit Gammalinolensäure erhältlich. Diese wirken vor allem gut bei entzündlichen Gelenkerkrankungen aus dem rheumatischen Formenkreis.

OMEGA-3-FETTSÄUREN BEVORZUGEN

Um dem Körper ausreichend Omega-3-Fettsäure zuzuführen, sollten Sie zwei Fischmahlzeiten pro Woche, idealerweise Makrele, Hering, Lachs oder Tunfisch verzehren.

- Unterstützend ist es möglich, Fischölkapseln zur Ergänzung der Nahrung einzunehmen. Im Rahmen einer ausgewogenen Ernährung ist die zusätzliche Einnahme von 300–600 mg Eicosapentaensäure (EPA) in Form von Fischölkapseln für sechs bis zwölf Monate ausreichend. In diesem Zeitraum reguliert sich der Anteil der günstigen entzündungshemmenden Eicosapentaensäure (EPA) und der entzündungsfördernden Arachidonsäure im Organismus.
- In der Regel können Sie dann mit der Einnahme der Fischölkapseln aufhören und vermehrt Omega-3-Fettsäuren pflanzlicher Herkunft über entsprechende Speiseöle aufnehmen.
- Verschlechtern sich hierbei die Gelenkbeschwerden jedoch, so ist eine dauerhafte Einnahme von Fischölkapseln unvermeidbar.

Freie Radikale

Sobald im Körper Entzündungsreaktionen ablaufen, werden so genannte freie Sauerstoffradikale gebildet. Die freien Radikale spielen bei der Arthrose eine die Krankheit entscheidend verstärkende Rolle.

- Sie fördern die Aktivierung der Arachidonsäure, die wiederum ihrerseits alle Entzündungsvorgänge im Körper anfacht.
- Sie fördern auch die Produktion von bestimmten Botenstoffen, die diese Entzündungen weiter in den Körper tragen wie die entzündungsfördernde Eikosanoide.

Freie Sauerstoffradikale gelten heute als Auslöser für zahlreiche krankhafte Prozesse im Körper.

Freie Radikale haben jedoch nicht nur schädigende Einflüsse, sondern nützen dem Körper auch bei der Abwehr von Viren und Bakterien. Sie sind also zum einen für unser Immunsystem wesentlich, müssen jedoch ständig durch schützende Antioxidantien in Schach gehalten werden.

Antioxidantien – ein heilsames Quartett

Die wichtigsten Antioxidantien sind Vitamin E, Vitamin C, Selen und Zink. Da es gerade bei entzündlichen Gelenkerkrankungen zu einem erhöhten Verbrauch an Antioxidantien kommt, müssen Sie diese Vitalstoffe jetzt verstärkt zu sich nehmen.

- Die Wirkung von Vitamin E wird durch die gleichzeitige Einnahme von Vitamin C verstärkt, da Vitamin C das verbrauchte Vitamin E wieder in eine wirksame Form zurückführen kann. Der wissenschaftliche Name des Vitamin E lautet Tocopherol, Vitamin E ist das Parabel-Vitamin für den Schutz der Zellen. Die freien Radikale zerstören im entzündeten Gelenk die Gittersubstanz Kollagen, wodurch der Knorpelverschleiß beschleunigt wird. Vitamin E neutralisiert die aggressiven freien Radikale, wird jedoch dadurch selbst unwirksam.
- Vitamin C aktiviert das verbrauchte Vitamin E wieder. Die entzündungshemmende Wirkung des Vitamin C basiert auf der Reaktivierung des verbrauchten Vitamin E und auf der Hemmung von Zellen (B-Lymphozyten), die entzündliche Botenstoffe produzieren. Ebenso regt Vitamin C die Bildung des entzündungshemmenden Interferons an.
- Eine weitere wichtige Rolle in der Gruppe der Antioxidantien spielt das Spurenelement Selen. Selen selbst ist kein Antioxidans, ist jedoch Bestandteil des entzündungshemmenden Enzyms Glutathion-Peroxidase.
- Die entzündungshemmende Wirkung des Spurenelements Zink beruht auf einer Reaktivierung der verbrauchten entzündungshemmenden Enzyme, die die Umwandlung der angriffsfreudigen freien Radikale in harmlosere Substanzen beschleunigen. Da Zink auch für die Wundheilung benötigt wird, kann ein Zinkmangel Veränderungen der Haut, schlecht heilende Wunden sowie eine Störung des Haarwachstums bis hin zum Haarausfall bewirken. Ebenso wurde bei Sportlern ein Leistungsabfall, verbunden mit Infektanfälligkeit beobachtet.

Antioxidantien sind Bestanteile vieler Lebensmittel. Sie greifen die Radikale an und wandeln sie in neutrale Elemente um.

Zwischen den Antioxidantien gibt es Abhängigkeiten, die ihre Wirkung verstärken oder beeinträchtigen kann.

ANTIOXIDANTIEN IN LEBENSMITTELN

Vitamin E Die Mengenangaben über die optimale zusätzliche Zufuhr schwanken zwischen täglich 100 mg bis zu 300 mg. Hierbei wird natürliches Vitamin E als wirksamer als synthetisches Vitamin E angesehen. Vitamin-E-haltige Nahrungsmittel sind Nüsse und Samen sowie Weizenkeimöl und Rapsöl. Man kann jedoch davon ausgehen, dass über die Nahrung höchstens 20 mg Vitamin E pro Tag zu sich genommen werden können (entspricht 20 IE RRR-Alpha-Tocopherol). Eine zusätzliche Aufnahme mittels Nahrungsergänzungsmitteln ist daher empfehlenswert.

Vitamin C Im Gegensatz zum Vitamin E besteht beim Vitamin C kein Unterschied zwischen der natürlichen und synthetischen Form. Auch hier schwankt die empfohlene Aufnahme stark zwischen 75 mg und 4 g Vitamin C täglich. Vitamin C reiche Nahrungsmittel sind beispielsweise Paprikaschoten, Meerrettich und Rosenkohl sowie schwarze Johannisbeeren, Papayas, Kiwis und Zitrusfrüchte.

Selen Bis zur Entdeckung seiner wichtigen Funktion im Jahre 1957 war Selen nur als giftiges Element bekannt. Daher dürfen keine zu hohen Dosen von Selen über einen längeren Zeitraum eingenommen werden. Als unbedenklich gilt eine tägliche Einnahme von 50 bis 100 Mikrogramm Selen. Als selenhaltige Nahrungsmittel sind unter den pflanzlichen Produkten die Kokosnuss und Steinpilze hervorzuheben. Hohe Selenkonzentrationen weist auch Schweinefleisch sowie Krustentiere und Tunfisch auf.

Zink Die empfohlene Aufnahme liegt bei täglich 15 mg bis 20 mg. Zinkreichende Lebensmittel sind Austern, Rindfleisch, Tunfisch, Camembert, Vollmilch und Weizenkeime. Greift man zu einer Tablette, so ist zu beachten, dass hier die unterschiedlichsten Mengen zwischen 1,25 mg pro Tag und Höchstdosen mit 20 mg täglich im Angebot sind. Da bereits ein nicht unerheblicher Anteil Zink in der Nahrung vorliegt, kann damit der empfohlene Tagesbedarf von maximal 20–30 mg leicht überschritten werden.

Nahrungsergänzung für den Knorpelaufbau

Die Knorpel im Gelenk bestehen - biochemisch gesehen - aus einer Gitterstruktur von Eiweiß-Zucker-Bausteinen, die ein Netz für die Knorpelzellen bilden. Die Knorpelzellen widerum können Ersatz bilden, wenn die Eiweiß-Zucker-Bausteine des Knorpels durch das normale Beugen und Strecken des Gelenks verschlissen sind. Allerdings lässt diese Regenerationsfähigkeit mit steigendem Alter, durch Fehlbelastungen oder mangelnde Ernährung nach. Dann verliert der Knorpel an Wassergehalt und Elastizität, was zu einem Abrieb des Gelenkknorpels und zu Arthrose führt.

Es hat sich nun gezeigt, dass über die Nahrung zwei wesentliche natürliche Bestandteile des Knorpels aufgenommen werden können.

- Glukosamin, das einen entzündungshemmenden Effekt hat.
- Der Knorpelbestandteil Chondroitin ist dagegen für den Flüssigkeitshaushalt im Knorpelgewebe verantwortlich. Es saugt die Flüssigkeit wie ein Schwamm auf und sichert die Elastizität des Knorpels

Verzichten Sie darauf, Mittel parallel einzunehmen, um die Wirksamkeit des einzelnen Produktes beurteilen zu können. Insbesondere bei den meist teuren Chondroprotektiva sollte sich eine Besserung nach spätestens drei Monaten einstellen.

GLUKOSAMINSULFAT UND CHONDROITINSULFAT

Die beiden Substanzen Glukosaminsulfat und Chondroitinsulfat haben eine knorpelaufbauende und wachstumsanregende Funktion, und wirken über die Linderung entzündlicher Prozesse auf der Stoffwechselebene auch gleichzeitig schmerzlindernd.

- Da in tierischer Nahrung auch Knorpelbestandteile vorhanden sind, werden die beiden Substanzen in geringer Menge über die tägliche Nahrung aufgenommen.
- Mit Hilfe von Nahrungsergänzungsmitteln, wie dem Extrakt der Grünlippmuschel oder Aloe-Vera-Produkten, kann jedoch die empfohlene tägliche Aufnahme von Glukosaminsulfat zwischen 1000 mg und 1500 mg, sowie Chondroitin zwischen 500 mg und 1000 mg problemlos erreicht werden.

Nutzen Sie die Heilkraft der Lebensmittel

Wenn Sie die folgenden Grundsätze einer entzündungshemmenden Ernährung befolgen und bei Mangelzuständen entsprechende Nahrungsergänzungsmittel dazu kombinieren und sich von Genussmitteln fern halten, können Sie schon nach wenigen Monaten eine Linderung Ihrer Gelenkschmerzen verspüren.
Obwohl Alkohol, Nikotin, Koffein oder Zucker nicht für die Entstehung einer Arthrose verantwortlich sind, beeinträchtigen sie Ihr Wohlbefinden und führen häufig zu einer Verschlechterung.

- Hoher Nikotingenuss schädigt die Nerven. Sie spüren die Schmerzen nicht mehr richtig, mit denen Ihr Körper Fehlhaltungen signalisiert.
- Alkohol und Koffein fördern die Ausscheidung von knochenstärkendem Kalzium. Dies schwächt auch die Gelenke und erhöht das Arthroserisiko.

Eier und Fleischwaren in Maßen

Wählen Sie bei Fleisch und Fett unbedingt immer die Sorten, die besonders arm am Arachidonsäure sind – dies sind vor allem die hellen Fleischsorten.

Aufgrund des hohen Gehaltes tierischer Fette mit der besonders entzündungsfördernden Arachidonsäure, sollten Sie Eigelb sowie Fleisch nur in Maßen zu sich nehmen – zweimal pro Woche eine Fleischmahlzeit ist eigentlich ausreichend.
Wichtig ist für Sie zu wissen, dass 100 g Hühnereigelb bereits 297 mg Arachidonsäure enthalten, während Eiweiß ohne Arachidonsäure ist. Achten Sie deshalb bei der Auswahl von Nudeln auf Produkte, die ohne Eier hergestellt wurden, wie sie häufig bei italienischen Produkten zu finden sind. Auf ein Frühstücksei sollten Sie ganz verzichten. Und denken Sie an den versteckten Anteil von Eigelb in zahlreichen Backwaren. Eine Alternative ist hier eifreies Gebäck, das in Bioläden und Reformhäusern für Allergiker angeboten wird. Blättern Sie zurück zur Seite 29 – in der Tabelle finden Sie eine Übersicht über die Anteile der Arachidonsäure in verschiedenen Lebensmitteln.

WAS DER KÖRPER TÄGLICH BRAUCHT

Unsere Nahrung besteht aus den drei Hauptbestandteilen Kohlenhydrate, Fette und Eiweiße. Ergänzend sind in unserer Kost Vitamine, Mineralstoffe, Spurenelemente und Ballaststoffe zu finden. Der Anteil der Kohlenhydrate in der Nahrung sollte täglich bei 50–60 % liegen, der Anteil der Eiweiße bei 15–20 % und der von Fett bei 25–30 %.

FETTE

Fette können in gute und schlechte Fette aufgeteilt werden und haben eine wichtige Funktion bei der Regulierung der Entzündungsprozesse im menschlichen Körper.

- Gefährlich sind versteckte Fette (Eigelb, viele Wurstsorten, Kekse, Knabbergebäck). Die darin enthaltenen Fettsäuren fördern rheumatische Erkrankungen.
- Positiv wirken die im Fisch enthaltenen Fettsäuren, die so genannten Omega-3-Fettsäuren, auf entzündliche Gelenkerkrankungen.

EIWEISS

Eiweiß ist für den Aufbau und die Erneuerung der Zellen sowie zahlreiche Stoffwechselvorgänge erforderlich. Bei Fleisch ist der Eiweißanteil um so höher, je niedriger der Fettanteil im Fleisch ist. Auch in der Milch ist tierisches Eiweiß enthalten.

- Die Gruppe der schwefelhaltigen Eiweißbausteine (Aminosäuren) wie Zystein, Metionin, Glutamin und Arginin verfügen über eine besonders entzündungshemmende Wirkung im menschlichen Körper. Gemeinsam mit Selen stärken sie auch das Immunsystem, fördern so die Infektabwehr und verbessern die Darmfunktion. Schwefelhaltige Aminosäuren können sowohl mit tierischem als auch pflanzlichem Eiweiß aufgenommen werden.

KOHLENHYDRATE

Kohlenhydrate liefern ca. 50–60 % der täglichen Energiezufuhr.

- Zu vermeiden sind Weißmehlprodukte, raffinierter weißer Haushaltszucker, Süßigkeiten oder polierter Reis.
- Stattdessen sollen Vollkornprodukte, ungeschälter Reis, Kartoffeln, Hülsenfrüchte und Obst verwendet werden.

SPURENELEMENTE, MINERALSTOFFE, VITAMINE UND BALLASTSTOFFE

Vollkornprodukte, ungeschälter Reis, Kartoffeln, Hülsenfrüchte und Obst enthalten auch lebenswichtige Spurenelemente, Mineralstoffe, Vitamine und Ballaststoffe. Um eine funktionierende geregelte Verdauung zu haben, dürfen Ballaststoffe nicht fehlen. Fast-food-Erzeugnisse sind selbstredend zu vermeiden und bilden die schlechtesten Nahrungsträger.

Viel Fisch

Bei Fisch sollten Sie zu fettreichen Sorten greifen. Insbesondere Kaltwasserfische (See- und Süßwasser) können häufig auf dem Küchenplan stehen, da diese einen besonders hohen Anteil der entzündungshemmenden Omega-3-Fettsäuren enthalten.

- Bei den zwei Fischmahlzeiten pro Woche sollten Sie oft Aal, Hering, geräucherte Makrelen, Tunfisch und Lachs essen.
- Relativ niedrige Werte an der unerwünschten Arachidonsäure haben Sardellen, Seezunge, Forelle und Hering.
- Hering, Tunfisch und Sardinen sind auch ausgezeichnete Quellen für das wichtige Spurenelement Selen.
- Am besten wechselt man die genannten Fischsorten auf dem Speisezettel immer wieder ab.

Fischgerichte in vielen Geschmacksrichtungen finden Sie im Rezeptteil ab Seite 80.

Alle, die an einer Rheumaerkrankung leiden, sollten mindestens zwei- noch besser dreimal pro Woche Fisch essen, da Fische zusätzlich auch eine hervorragende und hochwertige tierische Eiweißquelle darstellen.

Lebensmittel	Fett	Arachidonsäure (g/100 g)
Seefische		
Hering	17,8	37
Makrele	11,9	170
Rotbarsch	3,6	246
Sardellen	2,3	10
Seezunge	1,4	23
Tunfisch	15,5	280
Süßwasserfische		
Aal	24,5	123
Forelle	2,7	30
Lachs	13,6	302

Quelle: Eicosapentaen-(EPA), Docosahexaen-(DHA) und Arachidon-(AA)säuregehalte verschiedener Fischsorten (Elmadfa, Ibrahim; Leitzmann, Claus »Ernährung des Menschen« Ulmer 1998)

Fettarme Milchprodukte

Kuhmilch und Milchprodukte wie Jogurt und Käse sind wegen ihres Gehaltes an Kalzium, Vitamin D und hochwertigem Eiweiß schon für jeden gesunden Menschen unverzichtbar. Sie sollten jedoch fettarme Erzeugnisse wie Jogurt, Dickmilch und Milch mit 1,5 % Fettgehalt oder Kefir, Buttermilch, Molke und Magerquark aufgrund ihres geringeren Gehaltes an entzündungsfördernden tierischen Fetten bevorzugen. Hinzu kommt noch der geringere Kaloriengehalt dieser Produkte.

- Sauermilchprodukte sind besonders bekömmlich, da in ihnen spezielle Bakterienkulturen einen Teil des Milchzuckers in Milchsäure umgewandelt haben. Dabei vollzieht sich gleichzeitig ein Eiweißgerinnungsprozess, wodurch das Milcheiweiß leichter verdaulich wird.

Wer unter einer Lactoseunverträglichkeit leidet und keine Milch bzw. Milchprodukte zu sich nehmen darf, kann auf Sojamilch und Sojaquark ausweichen. Der Kalziumbedarf kann dabei durch einen erhöhten Verzehr von Sesam und Sesampaste ausgeglichen werden.

Lebensmittel	Arachidonsäure mg/100 g
Kuhmilch, 3,5 % Fett	4
Kuhmilch, 1,5 % Fett	2
Saure Sahne, 10 % Fett	11
Schlagsahne, 30 % Fett	32
Buttermilch	1
Molke, süß	0
Jogurt, 3,5 % Fett	4
Jogurt, 1,5 % Fett	2
Camembert, 60 % F.i.Tr	34
Camembert, 30 % F.i.Tr.	13
Emmentaler Käse, 45 % F.i.Tr.	287
Tilsiter Käse, 45 % F.i.Tr.	27
Speisequark, 20 % F.i.Tr.	5
Speisequark, mager	0

Quelle: Eicosapentaen-(EPA), Docosahexaen-(DHA) und Arachidon-(AA)säuregehalte verschiedener Fischsorten (Elmadfa, Ibrahim; Leitzmann, Claus »Ernährung des Menschen« Ulmer 1998)

Obst und Gemüse sind wichtiger Bestandteil einer gesunden Ernährung.

Obst und Gemüse

Obst und Gemüse sind wichtigste Faktoren, mit denen Sie Einfluss auf die Erkrankung nehmen.

Obst und Gemüse gehören täglich auf den Speiseplan und bringen bei der Umstellung der Essgewohnheiten den größten Nutzen. Außerdem sollte der Rohkostanteil erhöht werden und rund zwei Drittel der verzehrten Nahrungsmittel sollten pflanzlicher Herkunft sein.

- Wie bei jeder entzündlichen Erkrankungen ist eine optimale Versorgung mit Vitamin C wichtig. Unter den Vitamin-C-reichen Gemüsesorten stechen rote Paprikaschote, Sauerkraut, Meerrettich und Rosenkohl, Grünkohl und Brokkoli hervor, unter den Kräutern Petersilie, beim Obst Kiwi, Acerola-Kirsche, Hagebutte, Sanddornbeere, schwarze Johannisbeere, Papaya sowie Zitrusfrüchte. Säfte aus den oben genannten Sorten können selbstverständlich die Aufnahme von Vitamin C erheblich steigern. Eine optimale Vitamin-C-Zufuhr verbessert auch die Aufnahme von Eisen, die besonders bei entzündlichen Erkrankungen sichergestellt sein sollte.
- Viele Gemüse- und Obstsorten sind außerdem ein ausgezeichneter Lieferant für Provitamin A, einem wirksamen Radikalenfänger. Dazu gehören Tomaten, rote und gelbe Paprikaschoten, Möhren, Kürbis, Brokkoli und Spinat, ebenso Netzmelonen, Aprikosen, Kaki, Papaya und Sanddornbeeren.
- Neben Milch und Hartkäse eignen sich Gemüsesorten wie Brechbohnen, Sojabohnen, Grünkohl und Spinat zur Verbesserung des Kalziumhaushalts. Obst, Gemüse und vor allem Kartoffeln sind übrigens auch eine prima Quelle für Kalium.

Eine ausreichende Versorgung mit Kalium lässt die Muskeln reibungslos arbeiten.

- Da pflanzliche Eiweißquellen gegenüber tierischen Eiweißen zu bevorzugen sind, sollten Kartoffeln und Hülsenfrüchte auf dem Speiseplan nicht fehlen. Beide gehören mit zu den Spitzenreitern unter den pflanzlichen Eiweißlieferanten. Auch wenn pflanzliches Eiweiß in seiner Wertigkeit nicht an tierisches heranreicht, ist es dennoch für eine gesunde Ernährung günstig. Nicht zuletzt deshalb, weil es im Gegensatz zu tierischen Eiweißlieferanten zusätzlich reichlich Ballaststoffe liefert. Und indem man pflanzliches Eiweiß geschickt mit tierischem kombiniert, kann man den Wert des Pflanzeneiweißes steigern! Günstige Kombinationen sind beispielsweise Hülsenfrüchte mit Käse oder Kartoffeln mit Milchprodukten.

SOJA – DIE TOLLE BOHNE

Viele Menschen in Asien verdanken ihre Vitalität und Gesundheit zu einem guten Teil der Sojabohne, die seit Jahrhunderten ein Hauptbestandteil des fernöstlichen Speiseplans ist.

Die Sojabohne besteht zu über einem Drittel aus lebenswichtigen Proteinen. Sie kann tierischen Eiweißbedarf weitgehend ersetzen, enthält jedoch keine der entzündungsfördernden Arachidonsäuren und ist reich an an wichtigen Mineralstoffen wie Magnesium, Kalium und Eisen sowie dem entzündungshemmenden Zink, Vitamin E und Lecithin.

- Das cholesterinfreie Sojaöl liefert unter anderem auch die entzündungshemmenden Omega-3-Fettsäuren.
- Miso, eine würzige Paste aus fermentierten Sojabohnen enthält sogar das für Vegetarier so rare und wichtige Vitamin B 12.
- Sojasprossen haben einen erbsenähnlichen Geschmack und eignen sich für Salate, Gemüsezubereitungen, Füllungen und Suppen. Zur Sicherheit immer blanchieren.
- Sojamilch gleicht in Farbe und Konsistenz der Kuhmilch und schmeckt leicht süßlich. Sie lässt sich ähnlich wie Milch zu Sojajogurt, Eiscreme, »Quark«, Pudding und Mixgetränken weiterverarbeiten. Der gegenüber Kuhmilch geringere Kalziumgehalt kann durch etwas Sesampaste ausgeglichen werden.

Hülsenfrüchte

Die reifen getrockneten Samen von Bohnen, Erbsen und Linsen sind alle eine wertvolle und zudem preiswerte pflanzliche Eiweißquelle. Ihr Proteingehalt bewegt sich zwischen 20–25 %, bei der Sojabohne zwischen 36–38 %. Durch ihren hohen Gehalt an Ballaststoffen eignen sie sich zudem gut als Ausgleich zu unserer verfeinerten Ernährung mit zahlreichen Fertigprodukten. Allerdings lassen sich Hülsenfrüchte nur etwas schwer verdauen, die richtige Sortenwahl und Zubereitung kann jedoch helfen. Durch Einweichen, Ankeimen und Fermentation/Gärung (bei Soja) werden spezifische schwer verdauliche Kohlenhydrate abgebaut oder entfernt. Bei einigen Sorten empfiehlt sich die Entfernung der Schalen oder die Zubereitung als Püree. Besonders leicht verdaulich sind rote Linsen, die auch eine sehr kurze Garzeit von nur etwa 20 Minuten haben.

Obst, Gemüse und Hülsenfrüchte sind reich an sekundären Pflanzenstoffen, einer Gruppe von viel versprechenden Pflanzenbestandteilen, die erst in jüngster Zeit Gegenstand der wissenschaftlichen Forschung geworden sind.

Medizin der Zukunft?

Gemüse ist auch eine wertvolle Quelle für die sekundären Pflanzenstoffe – eine Gruppe verschiedener Bioaktivstoffe, die lange Zeit unbeachtet blieben, deren Erforschung aber immer mehr vorangetrieben wird. Sekundäre Pflanzenstoffe, oder Phytochemicals wie sie in den USA bezeichnet werden, sind Substanzen, die Pflanzen als Abwehrstoffe gegen Schädlinge, als Farbstoffe und als Wachstumsregulatoren bilden und die für den menschlichen Organismus besonders gesundheitsfördernde Wirkungen haben können. Entsprechend ihrer chemischen Struktur lassen sie sich in mehrere Hauptgruppen einteilen.

1. Karotinoide, die als Radikalenfänger Oxidationsprozesse der Zellen verhindern, wodurch sie ein krebshemmendes Potential haben. Zudem wirken sie immunstärkend. Karotinoide (zu denen auch das Provitamin A gehört) sind besonders reichlich in Obst und Gemüse mit intensiver Gelb-orange-Färbung zu finden wie in Aprikosen, Mangos oder Möhren.

2 Glucosinolate bekämpfen Viren, Bakterien und Pilze und kommen vor allem in Kohl, Senf und Meerrettich vor.
3 Monoterpene wirken leberentgiftend und gegen Krebs. Diese flüchtigen Stoffe finden sich in Zitrusfrüchten und Küchenkräutern.
4 Phytoöstrogene sind Pflanzenhormone mit krebshemmender Wirkung, die sich unter anderm häufig in Soja und Sojaprodukten finden.
5 Phytosterine haben eine nahe Verwandtschaft zum Cholesterin, weshalb sie die Cholesterinaufnahme aus tierischer Nahrung hemmen. Zudem aktivieren sie Entgiftungsenzyme und wirken ähnlich wie Hormone. Sie kommen vor allem in den fettreichen Pflanzenteilen vor, wie in Nüssen, Samen und Getreidekeimlingen. 6 Polyphenole wirken gefäßschützend und entzündungshemmend.
6 Protease-Inhibitoren bekämpfen schädliche freie Radikale.
7 Saponine (überwiegend in Hülsenfrüchten) sind immunstärkend, antibakteriell und entzündungshemmend, die schwefelhaltigen Sulfide in Lauchgewächsen (Knoblauch, Zwiebel, Lauch, Schnittlauch) und Meerrettich entgiftend, antibiotisch und stärken das Immunsystem.

Für die Arthrose sind vor allem die entzündungshemmenden Stoffe interessant wie Karotinoide, Polyphenole oder Protease-Inhibitoren.

Hülsenfrüchte sind eine wertvolle und preiswerte Eiweißquelle.

KLEINE GETREIDEKUNDE

Der Gehalt der einzelnen Getreidearten an Nährstoffen, Vitaminen, Mineralstoffen und Spurenelementen ist unterschiedlich hoch. Deshalb sollte man nach Möglichkeit alle Sorten verwenden.

ROGGEN

Roggen ist neben Weizen unser wichtigstes Brotgetreide. Er eignet sich für herzhaft-würzige Brote. Gekeimt kann Roggen auch Salaten zugegeben werden. Roggenflocken lassen sich für Müslimischungen, Gemüsesuppen und pikante Aufläufe verwenden.

WEIZEN

Weizen ist ein Universalgetreide. Sein Kleberreichtum verleiht im ausgezeichnete Backeigenschaften, weshalb Weizengebäck besonders locker wird. Im Angebot sind ganze Körner, Schrot, Mehl in verschiedener Typenzahl und Flocken. Als Faustregel kann man sich merken: je höher die Typenzahl von Weizenmehl, desto höher ist sein Anteil an den wertvollen Randschichten.

DINKEL

Dinkel ist eine alte Kulturform des Weizens mit besonders guten Backeigenschaften. Er gibt Gebäck einen feinen nussartigen Geschmack. Bei der Herstellung von Hefegebäck genügt der Zusatz von etwa einem drittel Dinkelmehl, um eine besonders lockere und feine Teigstruktur zu bekommen.

GRÜNKERN

Grünkern ist milchreif geernteter und über Holzfeuer schwach gerösteter Dinkel. So erhält er einen pikant-würzigen Geschmack, weshalb er sich für herzhafte Zubereitungen wie Füllungen oder Bratlinge besonders eignet.

HAFER

Hafer nimmt unter den Getreidesorten eine Spitzenstellung ein. Er hat mit 7 % Fett und 14 % Eiweiß den höchsten Nährwert. Zudem ist er eine gute Quelle für B-Vitamine, Vitamin E, Kalzium, Eisen und Phosphor.
Haferkörner kann man gekocht für Salate, pikante und süße Getreidespeisen oder gekeimt im Müsli verwenden. Haferflocken werden am häufigsten verzehrt und sind Hauptbestandteil von Müslimischungen.

GERSTE

Gerste eignet sich wie auch Hafer aufgrund des geringen Klebergehaltes weniger zum Brotbacken, jedoch als ganzes Korn, Graupen, Schrot, Mehl oder Flocken für süße und pikante Gerichte. Gerste ist leicht verdaulich und mild im Geschmack.

HIRSE

Hirse ist ähnlich wie Hafer besonders reich an Vitaminen und Mineralstoffen (Magnesium, Kalzium, Eisen, Fluor). Zudem enthält sie die für Haare, Haut und Nägel wertvolle Kieselsäure. Hirse lässt sich leicht verdauen. In der Zubereitung verhält sie sich ähnlich wie Reis, bei vergleichsweise kurzer Garzeit. Aus Hirseflocken lassen sich Aufläufe, Pudding, Kroketten und Pfannkuchen zubereiten.

MAIS

Bei Mais handelt es sich um ein kleberfreies Getreide, weshalb er für viele Allergiker (gegenüber Klebereiweiß) eine Alternative zu anderem Getreide darstellt. Er wird grob oder fein gemahlen als » Polenta« angeboten und kann zu Brei und Aufläufen weiterverarbeitet werden. Eine gute Kombination ist Mais mit Bohnen, da sich die Eiweißspektren beider Pflanzen günstig ergänzen. Auch Cornflakes sind aus Mais hergestellt, empfehlen sich jedoch weniger zum Verzehr, da sie stark industriell aufbereitet und zuckerreich sind.

REIS

Reis ist neben Weizen das wichtigste Getreide für die Welternährung. Naturreis enthält noch Silberhäutchen, Aleuronschicht und Keimling des ganzen Kornes, weshalb er besonders wertvoll ist. An Mineralstoffen liefert er Kalzium, Eisen und Zink, zudem B-Vitamine und reichlich Ballaststoffe. Weißer Reis wird geschält, geschliffen und poliert und ist nahezu unbegrenzt haltbar, besteht jedoch fast nur noch aus Stärke und Eiweiß. Einen Kompromiss zwischen weißem Reis und Naturreis stellt der so genannte parboiled Reis dar. Er wird unter Druck angekocht, getrocknet und erst anschließend geschliffen und poliert. Durch diese Vorbehandlung dringt ein Teil der Vitamine in das Stärkekorn ein .

BUCHWEIZEN

Bei Buchweizen handelt es sich eigentlich nicht um eine Getreideart, sondern um ein Knöterichgewächs, er kann aber wie Getreide zubereitet werden. Die kleinen dreikantigen Samen lassen sich ebenso zu Mehl vermahlen. Pfannkuchen und Kuchen aus Buchweizen haben einen angenehm nussigen Geschmack.

Vollkornprodukte

Getreide ist ein wichtiger Lieferant für Kohlenhydrate, Ballaststoffe, B-Vitamine und Mineralstoffe. Unsere hochausgemahlenen Weißmehle oder polierter Reis enthalten nur noch fünf Prozent der Mineralstoffe der Vollkornprodukte oder des Vollreis. Bereits beim Frühstück sollte zu Vollkornbrot oder selbstgeschrotetem Müsli gegriffen werden. Haferflocken, Roggen und Weizenkleie enthalten besonders viel Vitamin B 1 und Kalzium. Bei Vollkornnudeln ist darauf zu achten, dass es sich idealerweise um eifreie Teigwaren handelt, damit das Eigelb mit seinem hohen Anteil an entzündungsfördernder Arachidonsäure vermieden wird.

Nüsse und Kerne

Bewahren Sie Nüsse und Kerne immer kühl und trocken. Sie werden sonst leicht von Schimmelpilzen befallen, die giftige Substanzen enthalten (Mykotoxine). Vor allem bei Erd- und Paranüssen aufpassen.

Dank ihres Reichtums an Mineralstoffen, B-Vitaminen und Vitamin E sowie der essentiellen Linolsäure stellen Nüsse und Kerne eine schmackhafte Ergänzung zur Nahrung dar. So enthalten Sonnenblumenkerne, Kürbiskerne, Leinsamen und getrockneter Mohn einen hohen Anteil des entzündungshemmenden Spurenelements Zink. Haselnüsse und Mandeln sind besonders reich an Vitamin E, Sonnenblumenkerne und Pistazien enthalten viel von dem für die Nervenzellfunktion und Blutbildung wichtigen Vitamin B1 und Sesamsamen liefern große Mengen an knochenstärkendem Kalzium. Viele vegetarische Gerichte lassen sich durch Nüsse und Samen auch mit wertvollem Protein anreichern. Nüsse und Samen schmecken im Müsli, in Salaten, Füllungen, als Panade, in Desserts und Gebäck.

Pflanzenöle und Fette

Pflanzliche Öle werden aus Nüssen, Samen und Hülsenfrüchten gewonnen. Diese Öle sind bei Zimmertemperatur flüssig und enthalten im Vergleich zu tierischen Fetten nur wenig gesättigte Fettsäuren. Dagegen finden sich in pflanzlichen Ölen einfach und mehrfach ungesättigte Fettsäuren in unterschiedlicher Zusammensetzung. Von den mehrfach ungesättigten Fettsäuren gibt es zwei Familien.

- Die Omega-6- Fettsäuren stammen von der Linolsäure ab
- Die Omega-3-Fettsäuren stammen dagegen von der Linolensäure (die Namen sind leicht zu verwechseln).

Durch die Verwendung geeigneter Pflanzenöle und Fette kann die Zufuhr der lebensnotwendigen mehrfach ungesättigten Fettsäuren Linolsäure und Alphalinolensäure gesteuert werden. Da die Linolsäure im menschlichen Organismus zu der entzündungsfördernden Arachidonsäure umgewandelt wird und die Alphalinolensäure zur entzündungshemmenden Eicosapentaensäure (EPA) sollten sie Alphalinolensäure haltige Speiseöle bevorzugen (→ Seite 31).

Nicht zu vergessen ist auch, dass die fettlöslichen Vitamine A, D, E und K nur im Beisein von Fetten im menschlichen Verdauungstrakt aufgenommen werden können. Kalt gepresstes Weizenkeimöl stellt zudem eine der besten Quellen für das immunstimulierende Vitamin E dar.

Das beliebte Olivenöl enthält verhältnismäßig wenig Linol- und Alphalinolensäure lässt sich jedoch als wohlschmeckender Ersatz für tierische Streichfette (Butter, Schmalz) einsetzen.

Nüsse und Samen liefern wertvolle, mehrfach ungesättigte Fettsäuren.

WELCHES FETT IST GUT SIE?

Öl	Enthält	Tipp
Sonnenblumen- und Distelöl	Linolsäure	Schädlich
Leinöl, Rapsöl, Walnussöl	Viel Alphalinolensäure	Nützlich
Margarine	Gewöhnlich überwiegend Linolsäure	Schädlich; Auf Hinweis »Alphalinolensäure« achten
Butter	Viel Arachidonsäure	Schädlich; Vom Speiseplan streichen
Magerquark	Frei von Linolsäure und Arachidonsäure	Bevorzugen
Sojaöle und Sojaquark	Viel Eiweiß und Vitamin E	Bevorzugen
Olivenöl	Wenig Linolsäure und Alphalinolensäure	Guter Ersatz für Butter und Schmalz
Nussöle (Walnuss-, Haselnuss-, Mandel-, Kürbiskern- und Sesamöl)	Linolsäure, Alphalinolensäure, Vitamine B1, B2, B6, Vitamin E, Folsäure	In kleinen Mengen als Würzmittel für Salatsauce

Weizenkeimöl stellt übrigens eine der besten Quellen für das immunstimulierende Vitamin E dar, dessen Anteil in den Gerichten wir im gesamten Rezeptteil ausgewiesen haben, da es für Ihre Gesundheit von entscheidender Bedeutung ist.

Da Öle für Sie eine so wichtige Rolle spielen, sollten Sie sie sorgsam aufbewahren und bewusst verwenden.

- Öle immer dunkel und kühl aufbewahren, da Vitamin E durch Sonnenlicht, Wärme und Sauerstoff rasch zerstört wird.
- Dasselbe Öl, z.B. zum Fritieren, nicht mehrmals verwenden, da schädliche freie Radikale entstehen können, wenn das Öl mehrmals erhitzt wird.
- Zum Ausbacken von Speisen eignen sich besonders gut Leinöl und mildes Olivenöl.
- Fleisch nur in wirklich heißem Öl, bei Temperaturen um 180 °C anbraten, damit sich die Poren rasch schließen und wenig Fett aufgenommen wird.
- Eine Spezialität unter den Lieferanten von Omega-3-Fettsäure ist Hagebuttenkernöl!

Tipps zum richtigen Einkaufen und Kochen

Bei der Zubereitung von frischer gesunder Nahrung ohne Fertigprodukte denken viele Menschen an eine aufwändige Haushaltsführung mit häufigen und langen Einkaufswegen, langen Gar- und Vorbereitungszeiten. Besonders für Berufstätige ist dies eine unangenehme Vorstellung. Doch sie ist falsch, denn auch bei gesunder Ernährung können die Einkaufswege auf ein Minimum reduziert werden, da sich viele Produkte wie Öle, Getreide, Hülsenfrüchte, Nüsse und Samen ausgezeichnet lagern lassen. Außerdem werden nur wenige Grundnahrungsmittel benötigt.

- Es genügt, ein- bis zweimal wöchentlich leicht verderbliche Lebensmittel wie Milch und Milchprodukte, Brot, Obst, Gemüse, Fleisch und Fisch einzukaufen.
- Teilweise kann man auch auf tiefgekühlte Ware (z. B. bei Fisch) zurückgreifen.
- Beim Kochen lassen sich viele Gemüsearten, Getreide, Nüsse und Milchprodukte auch gegeneinander austauschen, so dass es kein Problem ist, wenn einmal eine Zutat fehlt oder ausgegangen ist.

Statt Hirse nimmt man Reis. Jogurt kann durch Dickmilch oder Buttermilch ersetzt werden oder Pistazien durch Sonnenblumenkerne.

Hier sollten sie einsparen

Von der Einkaufsliste sollten Sie, vor allem bei einem akuten Arthroseschub, folgende Lebensmittel streichen: Hamburger, panierte Schnitzel, Fischstäbchen, Bratwürste, Fleischkäse, Wurstaufschnitt, Mayonnaise, Butter, Eigelb, Streichkäse, Vollmilch sowie Pommes frites, Chips, Speiseeis, Torten und Schokolade. Fertiggerichte wie phosphatreiche Fast-Food-Hamburger, Tiefkühlpizza oder Mikrowellenkost gehören ebenso wie die Genussmittel Alkohol, Nikotin und Kaffee nicht mehr auf den Speiseplan einer vitamin- und mineralstoffreichen Nahrung.

Gesund kochen und backen

Es lohnt sich auch, die eigenen Kochgewohnheiten zu überprüfen und zu hinterfragen. Denn grundsätzlich ist eine schonende Zubereitung mit kurzen Garzeiten, wie z. B. beim Dünsten im eigenen Saft, dem langen Kochen vorzuziehen. Bei einem hohen Anteil an Frischkost in der Ernährung entfällt ein Teil der Kochzeit ohnehin. Beim Garen der Nahrungsmittel gilt als Faustregel: je kürzer die Garzeiten, desto weniger Vitamine und sekundäre Pflanzenstoffe werden zerstört. Gemüse sollte daher möglichst nicht butterweich, sondern bissfest zubereitet werden.

Bewusst einkaufen

Ein Begriff, der den Anteil der in einem Lebensmittel enthaltenen Vital- und Nährstoffe angibt, ist die so genannte Nährstoffdichte.

Schon beim Einkaufen entscheiden Sie über den Gehalt an Nährstoffen. Heimische Produkte aus biologischem Anbau und entsprechend der Saison sollten Sie immer bevorzugen. Und dies nicht zuletzt auch aus ökologischen Gesichtspunkten, wozu das Vermeiden unnötig langer Transportwege zählt.

- Ökologisch erzeugte Produkte weisen oftmals einen sehr viel höheren Nährstoffgehalt, als die unter Glasdächern oder mit hohem Pestizideinsatz produzierten Lebensmittel aus fernen Ländern auf. »Bio«-Lebensmittel in guter Qualität gibt es mittlerweile nicht nur im Naturkostladen oder Reformhaus, sondern auch in den meisten Supermärkten. In so genannten »Bio«-Ecken werden Getreide, Vollkornprodukte, kaltgepresste Öle, Nüsse und Samen, alternative Süßmittel und vieles mehr angeboten. Und im Kühlregal finden sich zahlreiche Milchprodukte aus ökologischer Tierhaltung.
- Aber auch der Wochenmarkt oder der Direkteinkauf beim Bauern ist eine gute Adresse für frische saisonale Ware.
- Neben dem schonenden Dämpfen sind Dünsten, also das Garen im eigenen Saft, sowie das Garen im Wok besonders zu empfehlen. Auch im Dampfdrucktopf und in der Mikrowelle bleiben die Vitalsstoffe erhalten.

Lebensmittel richtig lagern und verwenden

Wenn Sie die wertvollen Lebensmittel nicht nur möglichst frisch einkaufen, sondern auch richtig lagern und beim Kochen richtig behandeln, können Sie die enthaltenen Vitamine schonen.

- Obst und Gemüse nur kurzfristig lagern.
- Obst und Gemüse erst kurz vor dem Garen zerkleinern, nur kurz waschen und erst nach dem Waschen zerkleinern.
- Gemüse mit wenig Wasser kochen. Töpfe mit gut schließendem Deckel verwenden. Es genügt dann, den Boden gerade mit Wasser zu bedecken.
- Kochwasser von Gemüse möglichst für Suppen und Saucen verwenden, da in ihm Vitamine und Mineralstoffe gelöst sind.
- Lange Warmhaltezeiten vermeiden. Besser abkühlen lassen und nochmals kurz aufwärmen.
- Größere Mengen eines Gerichtes zubereiten und frisch einfrieren, bei Bedarf dann portionsweise auftauen. Dies ist nährstoff- und vitaminschonender als Reste im Kühlschrank aufzubewahren und wiederholt aufzuwärmen.

Vor allem Obst und Gemüse sollten Sie immer schonend und »artgerecht« behandeln, da die enthaltenen Nährwerte leiden, sobald Gemüse welkt, Obst schrumpelt oder gar fault.

TRINKEN NICHT VERGESSEN

Es ist sinnvoll, die Flüssigkeitszufuhr über den ganzen Tag auf Portionen von einem Viertelliter zu verteilen. Dabei sollten fixe Trinkpausen eingelegt werden, idealerweise beginnt man direkt nach dem Aufstehen mit einem Glas Wasser.

- Günstig ist es, Mineralwasser, Früchte- und Kräutertees, Obst- und Gemüsesäfte immer wieder abzuwechseln.
- Koffeinhaltige Erfrischungsgetränke, Limonaden und Fruchtsaftgetränke sind zum Durstlöschen völlig ungeeignet. Ihr hoher Zuckeranteil (Kalorien!) schädigt die Zähne und macht erst recht durstig. Die bei Jugendlichen so beliebten phosphathaltigen Colagetränke stellen bereits in jungen Jahren neben den anderen Nebenwirkungen ein erhöhtes Risiko für Osteoporose und Gelenkerkrankungen dar.

Essen ohne Reue

Genießerrezepte für den Alltag

Mit den folgenden 117 Rezepten, eingeteilt in 11 Kategorien, die Ihnen das Auffinden erleichtern, stellen wir Ihnen leckere Gerichte vor, die Sie leicht nachkochen können. Je frischer die Zutaten sind, die Sie einkaufen, desto schmackhafter wird das Ergebnis und schenkt Ihnen nicht nur Gesundheit auf dem Teller sondern auch Freude am Genießen.

Frühstücksrezepte

Schon am Morgen stellen Sie die Weichen für eine gute Ernährung. Wählen Sie statt Weißbrot einmal ein Müsli oder Muffins und kosten Sie auch die feinen Brotaufstriche.

Bagels

Zutaten
Für 12 Stück
400 g Weizenmehl (Type 1050)
200 g Dinkelmehl (Type 1050)
1 EL Zucker
½ TL Salz
1 Ei
5 EL Sonnenblumen- oder Sesamöl
½ Würfel frische Hefe
Mehl für die Arbeitsfläche
1 Eiweiß
1 EL Mohnsamen
1 EL Sesamsamen

1 Mehl, Zucker, Salz, Ei und Öl in eine große Schüssel geben. Hefe zerbröckeln, in 300 ml lauwarmem Wasser auflösen. Zur Mehlmischung gießen und alles zu einem Teig von klebriger Konsistenz verkneten. Abgedeckt an einem warmen Ort 30 Minuten ruhen lassen.

2 Teig auf bemehlter Arbeitsfläche 10 Minuten mit den Händen kneten, abgedeckt weitere 30 Minuten an einem warmen Ort gehen lassen. Nochmals durchkneten, eine Rolle formen und in 12 Stücke teilen. Jedes Stück zu einem etwa 15 cm langen Strang ausrollen. An den Enden zusammenlegen, so dass Kringel entstehen. Die Enden gut festdrücken.

4 Zwei Backbleche mit Backpapier belegen. Teigkringel darauf setzen und 20 Minuten gehen lassen. Backofen auf 200 °C vorheizen. Eine feuerfeste flache Schale mit kochendem Wasser auf den Backofenboden stellen.

5 In einem Topf reichlich Wasser aufkochen. Teigkringel darin einzeln je 1 Minute vorgaren. Herausheben, abtropfen lassen und auf die Bleche setzen.

6 Teigkringel mit Eiweiß bestreichen. Je 6 Stück mit Mohnsamen und 6 Stück mit Sesamsamen bestreuen. Im Backofen in 20–25 Minuten zu goldbrauner Farbe backen.

Zubereitungszeit 1 Stunde und 15 Minuten
Ruhezeit 1 Stunde
Backzeit 25 Minuten
Pro Stück 1235 kJ • 294 kcal • 7 g Eiweiß • 7 g Fett • 50 g Kohlenhydrate • 17 µg Vitamin C • 147 ng Vitamin D • 638 µg Vitamin E • 32 mg Kalzium

Frischkornmüsli mit Hafer

Zutaten
Für 4 Personen
8 EL Haferkörner
4 TL Zitronensaft
2 EL Akazienhonig
100 ml Milch
2 Äpfel
400 g Obst nach Jahreszeit
20 g Rosinen
4 EL gemahlene Haselnusskerne

1 Hafer in einer Getreidemühle grob schroten oder beim Einkauf im Bioladen frisch mahlen lassen.

2 Hafer mit soviel Wasser verrühren, dass ein weicher Brei entsteht. Zugedeckt etwa 2 Stunden oder über Nacht quellen lassen.

3 Haferbrei mit Zitronensaft, Akazienhonig und Milch verrühren. Bei Bedarf noch etwas Wasser zugeben. Äpfel waschen, vom Kerngehäuse befreien, grob raspeln und sofort unter den Haferbrei mengen.

4 Das Obst je nach Sorte waschen oder schälen, putzen und in mundgerechte Stücke schneiden. Mit den Rosinen unter das Müsli rühren. Müsli auf vier Schalen verteilen, mit je 1 EL gemahlenen Nüssen bestreuen und sofort servieren.

Zubereitungszeit 20 Minuten
Quellzeit 2 Stunden
Pro Portion 1100 kJ • 262 kcal • 6 g Eiweiß • 9 g Fett • 38 g Kohlenhydrate • 99 mg Kalzium • 72 mg Vitamin C • 43 ng Vitamin D • 3 mg Vitamin E

Dinkelsprossen-Müsli

Zutaten
Für 4 Personen
10 EL Dinkelsprossen
4 EL zarte Haferflocken
200 g Magerquark
100 ml Milch
4 EL Jogurt
4 EL Ahornsirup
4 EL gehackte Walnusskerne
2 Äpfel
4 TL Zitronensaft
1 Banane
1 großer Pfirsich (oder eine andere Frucht)

1 Sprossen in einem Sieb kalt waschen und gut abtropfen lassen. Haferflocken mit Quark, Milch, Jogurt, Ahornsirup und Nüssen verrühren.

2 Äpfel waschen, vom Kernhaus befreien und grob reiben. Sofort mit Zitronensaft beträufeln und unter den Quarkbrei mengen.

3 Banane schälen und in Scheiben schneiden. Pfirsich waschen, nach Belieben häuten und entsteinen. Das Fruchtfleisch würfeln.

4 Banane, Pfirsich und Sprossen locker unter den Quarkbrei heben. Das Müsli in vier Schüsseln füllen und frisch servieren.

Zubereitungszeit 15 Minuten
Pro Portion 1390 kJ • 331 kcal • 13 g Eiweiß • 9 g Fett • 49 g Kohlenhydrate • 17 mg Vitamin C • 25 ng Vitamin D • 2 mg Vitamin E • 144 mg Kalzium

Jogurt-Ananas-Müsli

Zutaten

Für 4 Personen

600 g Jogurt (1,5 %)
1 Msp. gemahlene Vanille (Reformhaus)
4 dicke Scheiben frische Ananas
2 große Bananen
Etwas Zitronensaft
3 EL Cashewkerne
4 EL Weizenkeime
4 EL Agavendicksaft

1 Jogurt mit Vanillepulver in einer großen Schüssel cremig rühren.

2 Ananasscheiben von Schale und Strunk befreien und in mundgerechte Stücke schneiden. Bananen schälen und in Scheiben schneiden. Sofort mit etwas Zitronensaft beträufeln.

3 Das Obst mit dem Jogurt vermischen. Cashewkerne grob hacken und unterrühren.

4 Das Müsli auf vier Schüsseln verteilen. Je 1 EL Weizenkeime als Rand darauf streuen. Jede Portion mit 1 EL Agavendicksaft beträufeln. Nach Wunsch mit Knuspermüsli servieren.

Tipp Agavendicksaft ist ein heller Sirup, neutral im Geschmack. Er besteht zu 90–93 % aus Fruchtzucker, was ihn auch für Diabetiker interessant macht. Er besitzt eine wesentlich höhere Süßkraft als Zucker.

Zubereitungszeit 15 Minuten

Pro Portion 1268 kJ • 302 kcal • 10 g Eiweiß • 6 g Fett • 50 g Kohlenhydrate • 38 mg Vitamin C • 45 ng Vitamin D • 3 mg Vitamin E • 234 mg Kalzium

Hafer-Buttermilch-Muffins

Zutaten
Für 12 Stück
115 g feine Haferflocken
1/4 l Buttermilch
115 g Pflanzenmargarine
50 g Rohrzucker
1 Ei
115 g Mehl (Type 1050)
1 TL Backpulver
1/2 TL Natron
1 Prise Salz
25 g Rosinen
Fett für die Formen

1 Haferflocken mit Buttermilch in einer großen Schüssel verrühren. 1 Stunde zugedeckt quellen lassen.

2 Den Backofen auf 200 °C vorheizen. 12 Muffinformen einfetten oder mit Papierformen auslegen. Margarine und Zucker mit dem Handrührgerät schaumig schlagen, das Ei unterrühren.

3 Mehl, Backpulver, Natron und Salz mischen und sieben. Gesiebtes Mehl und Haferflocken abwechseln unter die Buttermischung rühren. Zum Schluss die Rosinen unterziehen.

4 Muffinformen zu zwei Dritteln mit dem Teig füllen. Muffins 20–25 Minuten im vorgeheizten Ofen backen. Auf ein Kuchengitter stürzen und auskühlen lassen. Nach Wunsch mit einem Fruchtaufstrich servieren.

Zubereitungszeit 15 Minuten
Backzeit 25 Minuten
Quellzeit 1 Stunde
Pro Stück 731 kJ • 174 kcal • 4 g Eiweiß • 9 g Fett • 19 g Kohlenhydrate • 275 µg Vitamin C • 388 ng Vitamin D • 2 mg Vitamin E • 42 mg Kalzium

Aprikosen-Bulgur

Zutaten
Für 4 Personen
100 g ungeschwefelte, getrocknete Aprikosen
¼ l Orangensaft
Salz
175 g Bulgur
1 TL abgeriebene, unbehandelte Orangen- oder Zitronenschale
4 EL Kokosraspel
Frische Früchte zum Garnieren
Milch (1,5 %) zum Servieren
Honig oder Ahornsirup

1 Aprikosen in Streifen schneiden. Orangensaft mit ¼ l Wasser in einem Topf vermischen, eine Prise Salz dazugeben und alles zum Kochen bringen.
2 Aprikosen, Bulgur und Zitrusschale in die Flüssigkeit streuen, aufkochen und bei schwacher Hitze zugedeckt in 20–25 Minuten ausquellen lassen.
3 Kokosraspel in einer kleinen Pfanne ohne Fett unter Wenden goldbraun rösten.
4 Bulgur auf vier tiefe Teller verteilen. Mit Kokosraspeln bestreuen. Nach Wunsch mit frischen Früchten garnieren. Milch dazu reichen. Mit Honig oder Ahornsirup süßen.

Zubereitungszeit 35 Minuten
Pro Portion 1361 kJ • 324 kcal • 7 g Eiweiß • 7 g Fett • 55 g Kohlenhydrate • 52 mg Vitamin C • 1,4 mg Vitamin E • 97 mg Kalzium

Würzige Käse-Scones

Zutaten
Für 12 Stück
200 g Weizen- oder Dinkelmehl (Type 1050)
1 TL Backpulver
80 g kernige Haferflocken
½ TL Salz
¼ TL Pfeffer aus der Mühle
100 g würziger Hartkäse
50 ml Sonnenblumenöl
125–150 ml Buttermilch
Mehl für die Arbeitsfläche
3 EL Milch

1 Mehl und Backpulver in einer Schüssel mischen. 60 g Haferflocken, Salz und Pfeffer zugeben. Den Käse reiben. Den Backofen auf 200 °C vorheizen.
2 Käse und Öl dazugeben und alles mit den Händen zu einem krümeligen Teig verarbeiten. Nach und nach soviel Buttermilch zugeben, dass ein geschmeidiger Teig entsteht.
3 Eine Arbeitsplatte mit etwas Mehl und 20 g Haferflocken bestreuen. Teig darauf etwa 3 cm dick ausrollen. Mit einem Glas (etwa 7 cm Durchmesser) 12 Scones aus dem Teig ausstechen
4 Ein Backblech mit Backpapier belegen. Scones (Haferflocken nach oben) aufs Blech legen, mit Milch bestreichen und in etwa 20 Minuten goldbraun backen, auskühlen lassen.

Zubereitungszeit 35 Minuten
Backzeit 20 Minuten
Pro Stück 655 kJ • 156 kcal • 6 g Eiweiß • 8 g Fett • 16 g Kohlenhydrate • 176 µg Vitamin C • 57 ng Vitamin D • 3 mg Vitamin E • 118 mg Kalzium

Jogurt-Kräuterquark

Zutaten
Für 4 Personen
250 g Magerquark
250 g Schafsjogurt
Etwas Zitronensaft
1–2 TL Olivenöl
Je ½ Bund Dill, Petersilie und Schnittlauch
Kräutersalz
Pfeffer aus der Mühle
1 Bund Radieschen

1 Quark mit Jogurt, Zitronensaft und Olivenöl in einem hohen Becher cremig verrühren. Kräuter waschen, trocken tupfen und fein hacken.
2 Dill und Petersilie unter den Quark rühren und die Mischung mit dem Stabmixer fein pürieren. Mit Salz und Pfeffer abschmecken. Schnittlauchröllchen bis auf 1 EL unterrühren.
3 Radieschen putzen, waschen und in Scheiben schneiden. Quark damit garnieren. Mit restlichem Schnittlauch bestreuen.

Tipp Jogurt-Kräuterquark schmeckt gut zu kräftigem Bauernbrot.
Schafsmilch enthält 25 % mehr Kalzium als Kuhmilch und wesentlich höhere Mengen an Vitamin A.

Zubereitungszeit 20 Minuten
Pro Portion 764 kJ • 182 kcal • 11 g Eiweiß • 12 g Fett • 6 g Kohlenhydrate • 12,6 mg Vitamin C • 131 ng Vitamin D • 1 mg Vitamin E • 167 mg Kalzium

Walnuss-Honig-Aufstrich

Zutaten
Für 500 g
250 g Pflanzenmargarine
125 g Blütenhonig
100 g fein gemahlene Walnusskerne

1 Margarine mit Honig schaumig rühren, gemahlene Nüsse unterziehen.
2 Walnuss-Honig-Aufstrich in ein Schraubglas füllen und im Kühlschrank aufbewahren. Oder einen Teil davon als Rolle oder Würfel in Alufolie wickeln und einfrieren.

Tipp Beim Einkauf von Margarine aufs Etikett schauen. Empfehlenswert ist Margarine, die reich an Linolensäure ist.

Zubereitungszeit 10 Minuten
Pro Glas (500 g) 11800 kJ • 2810 kcal • 15 g Eiweiß • 263 g Fett • 105 g Kohlenhydrate • 6,25 µg Vitamin D • 46 mg Vitamin E • 5,85 mg Vitamin C • 118 mg Kalzium
Pro 100 g 2486 kJ • 592 kcal • 3 g Eiweiß • 55 g Fett • 22 g Kohlenhydrate • 1,23 mg Vitamin C • 1,32 µg Vitamin D • 9,69 mg Vitamin E • 25 mg Kalzium

Nougataufstrich

Zutaten
Für 500 g
250 g Pflanzenmargarine
120 g Vollrohrzucker oder Waldhonig
4 EL Kakaopulver
5 EL Haselnussmus

1 Margarine mit Zucker oder Honig sehr schaumig rühren.
2 Kakaopulver löffelweise unterrühren. Zum Schluss das Haselnussmus unterziehen.
3 Nougataufstrich in Schraubgläser füllen und im Kühlschrank aufbewahren.
Tipp Nougataufstrich schmeckt gut auf Toastbrot, knusprigen Brötchen, Knäckebrot oder frischen Waffeln.

Zubereitungszeit 10 Minuten
Pro Glas (500 g) 8694 kJ • 2070 kcal • 24 g Eiweiß • 163 g Fett • 132 g Kohlenhydrate • 6,25 µg Vitamin D • 34,8 mg Vitamin E • 2,07 mg Vitamin C • 338 mg Kalzium
Pro 100 g 1739 kJ • 414 kcal • 5 g Eiweiß • 33 g Fett • 26 g Kohlenhydrate • 1,25 µg Vitamin D • 6,95 mg Vitamin E • 414 µg Vitamin C • 67,6 mg Kalzium

Himbeerkonfitüre

Zutaten
Für 2 Gläser
500 g Himbeeren
250 g Agavendicksaft
½ Vanilleschote
2 Stängel frische Minze
½ Tütchen Gelpulver (7,5 g)
Saft von ½ Limette

1 Himbeeren verlesen, tiefgekühlte Früchte auftauen. Mit dem Agavensaft mischen.
2 Vanilleschote längs aufschneiden, das Mark herausschaben. Vanillemark unter die Himbeermischung rühren, Schote dazugeben. Zugedeckt 2 Stunden ziehen lassen.
3 Minze in feine Streifen schneiden. Gelpulver mit Limettensaft verrühren. Beides zu den Himbeeren geben.
4 Alles aufkochen und 3 Minuten kochen lassen. Den Schaum abnehmen. Geliert die Konfitüre, Vanilleschote entfernen.
5 Konfitüre randvoll in sterilisierte Schraubgläser füllen. Gläser verschließen, auf den Kopf stellen und abkühlen lassen.

Zubereitungszeit 30 Minuten
Auftauzeit 1 Stunde
Pro Glas (775 g) 4326 kJ • 1030 kcal • 7 g Eiweiß • 2 g Fett • 234 g Kohlenhydrate • 131 mg Vitamin C • 4,88 mg Vitamin E • 0,24 g Kalzium
Pro 100 g 133 kcal • 926 mg Eiweiß • 245 mg Fett • 30 g Kohlenhydrate • 629 µg Vitamin E • 16,9 mg Vitamin C • 31 mg Kalzium

Salate

Vitamine, Mineralien und Spurenelmente sind die Vitalstoffe der Ernährung. Mit den Salat- und Gemüse-Variationen tun Sie rundum Gutes für Ihre Gesundheit und Ihr Wohlbefinden.

Tomaten-Bananen-Salat

Zutaten
Für 4 Personen

3 EL Sonnenblumenöl
1 EL Kürbiskernöl
2 EL Weißweinessig
Kräutersalz
Pfeffer aus der Mühle
4 Fleischtomaten
2 Bananen
1 Bund Schnittlauch
8 schwarze Oliven

1 Aus Sonnenblumen- und Kürbiskernöl, Essig, Salz und Pfeffer eine Marinade rühren.

2 Tomaten waschen, vom Stielansatz befreien, halbieren und in Scheiben schneiden. Bananen schälen und in Scheiben schneiden.

3 Schnittlauch waschen, trocken tupfen und in feine Röllchen schneiden. Oliven halbieren und entkernen.

4 Tomaten, Bananen und Schnittlauch in einer Schüssel vermengen. Die Marinade unterziehen. Den Salat mit Oliven garnieren und frisch servieren.

Zubereitungszeit 25 Minuten
Pro Portion 999 kJ • 238 kcal • 13 g Fett • 3 g Eiweiß • 26 g Kohlenhydrate • 50 mg Vitamin C • 7,29 mg Vitamin E • 37,3 mg Kalzium

Blattsalat mit Gorgonzolasauce

Zutaten
Für 4 Personen

250 g gemischte bittere Blattsalate
75 g Gorgonzola (45 %)
125 g Jogurt (1,5 %)
1 EL Olivenöl
1 EL Balsamico-Essig
1 Knoblauchzehe
Weißer Pfeffer
2 EL Schnittlauchröllchen

1 Blattsalate putzen, waschen und trocken schleudern. Die Blätter in mundgerechte Stücke teilen und in einer großen Schüssel locker mischen.

2 Gorgonzola, Jogurt, Öl, Essig und abgezogene Knoblauchzehe im Mixer zu einem Dressing aufschlagen, mit Pfeffer abschmecken.

3 Die Marinade locker unter den Salat mengen und mit den Schnittlauchröllchen bestreuen.

Zubereitungszeit 20 Minuten
Pro Portion 424 kJ • 101 kcal • 6 g Eiweiß • 7 g Fett • 4 g Kohlenhydrate • 15,8 mg Vitamin C • 197 ng Vitamin D • 1,01 mg Vitamin E • 213 mg Kalzium

Süß-saurer Möhrensalat

1 Saure Sahne, Jogurt, Zitronensaft, Honig und Meerrettich zu einer sämigen Sauce verrühren, mit Pfeffer abschmecken.

2 Möhren schälen und fein raspeln. Fenchel putzen, waschen und in feine Streifen hobeln. Orangen schälen, von der weißen Haut befreien, filetieren und in Stücke schneiden.

3 Möhren, Fenchel und Orangen in einer großen Schüssel gut vermischen und die Sauce unterziehen.

4 Salat mit gehackten Walnusskernen bestreut sofort servieren.

Zubereitungszeit 30 Minuten

Pro Portion 966 kJ • 230 kcal • 5,5 g Eiweiß • 12 g Fett • 68 mg Vitamin C • 108 ng Vitamin D • 2,32 mg Vitamin E • 169 mg Kalzium

Zutaten

Für 4 Personen

100 g saure Sahne
100 g Jogurt (1,5 %)
Saft von 1 Zitrone
1 EL Blütenhonig
2 EL frisch geriebener Meerrettich
Weißer Pfeffer
500 g Möhren
$^1/_2$ Knolle Fenchel
2 Navelorangen
40 g Walnusskerne

Friséesalat mit Räuchertofu

Zutaten
Für 4 Personen
1 Friséesalat
100 g Räuchertofu
10 Schalotten
1 Bund Schnittlauch
5 EL Sonnenblumenöl
2 EL Rotwein
1–2 EL Rotweinessig
2 TL Balsamico-Essig
1 TL Waldhonig
2 TL mittelscharfer Senf
1 EL Kürbiskernöl
Pfeffer aus der Mühle
Kräutersalz

1 Salat waschen, putzen und gut trocken schwenken. Räuchertofu in schmale Streifen schneiden. Schalotten abziehen und klein würfeln. Schnittlauch waschen, trocken tupfen und in Röllchen schneiden.

2 2 EL Sonnenblumenöl in einem kleinen Topf erhitzen, Schalotten darin glasig braten. Tofu zugeben, kurz anbraten. Mit Rotwein, Rotweinessig und Balsamico-Essig ablöschen. Honig und Senf einrühren, kurz aufkochen und beiseite stellen. Restliches Öl und Kürbiskernöl unterrühren und mit Pfeffer und Salz würzen.

3 Salat auf vier Tellern anrichten, mit der Marinade beträufeln. Mit Schnittlauch garnieren und lauwarm servieren.

Zubereitungszeit 25 Minuten

Pro Portion 395 kJ • 94 kcal • 5 g Eiweiß • 5 g Fett • 4 g Kohlenhydrate • 12,4 mg Vitamin C • 734 µg Vitamin E • 76 mg Kalzium

Grüner Spargelsalat

Zutaten
Für 4 Personen
20 Stangen frischer grüner Spargel
2 EL Pinienkerne
4 Kopfsalatherzen
6 EL Jogurt (1,5 %)
2 EL Olivenöl
2 EL Limettensaft
Abgeriebene Schale von 1 unbehandelten Zitrone
1 kleiner Bund frische Pfefferminze
Kräutersalz
Weißer Pfeffer

1 Spargel waschen, trocken tupfen, untere Enden abschneiden und Stangen schräg in ½ cm dicke Scheiben schneiden. Pinienkerne ohne Fett in einer kleinen Pfanne goldgelb rösten. Salatherzen zerteilen, waschen und trocken schleudern.

2 Jogurt mit Olivenöl, Limettensaft und Zitronenschale zu einer Marinade verrühren. Minze waschen, trocken tupfen und Blättchen fein hacken. Mit Salz und Pfeffer zur Marinade geben.

3 Salatblätter in der Marinade wenden und auf vier Tellern anrichten. Spargel in der restlichen Marinade kurz ziehen lassen, dann auf den Salatblättern verteilen. Salat mit Pinienkernen bestreut servieren.

Zubereitungszeit 30 Minuten

Pro Portion 596 kJ • 142 kcal • 5 g Eiweiß • 12 g Fett • 4 g Kohlenhydrate • 14,6 mg Vitamin C • 9 ng Vitamin D • 3,12 mg Vitamin E • 65,3 mg Kalzium

Möhren-Koriander-Salat

Zutaten
Für 4 Personen
1 Bund Koriandergrün
50 g Sesamsamen
3–4 EL Olivenöl
Saft von 1 Zitrone
600 g junge Möhren
Salz
1 Prise Zucker
Pfeffer aus der Mühle

1 Den Koriander fein hacken.
2 Sesam in einer Pfanne ohne Fett bei mittlerer Hitze goldbraun rösten. Wenn er würzig duftet, in eine Schüssel umfüllen. Mit der halben Menge Öl und Zitronensaft verrühren.
3 Möhren schälen und grob raspeln. Restliches Öl in einer Pfanne erhitzen, Möhren darin unter Wenden 5 Minuten anbraten. Von der Feuerstelle nehmen, und mit Salz, Zucker und Pfeffer pikant abschmecken. Koriander untermischen, alles auf Tellern anrichten und mit der Sesammarinade beträufeln.

Zubereitungszeit 35 Minuten
Pro Portion 945 kJ • 225 kcal • 4 g Eiweiß • 19 g Fett • 11 g Kohlenhydrate • 20,6 mg Vitamin C • 1,64 mg Vitamin E • 169 mg Kalzium

Mediterraner Salat

Zutaten
Für 4 Personen
500 g Auberginen
4 EL Olivenöl
Je 2 gelbe und rote Paprikaschoten
6 Tomaten
1 rote Chilischote
5 Knoblauchzehen
½ TL Kümmel
2 EL Zitronensaft
75 g schwarze Oliven
Meersalz
Pfeffer aus der Mühle
Gehackte Minze

1 Backofen auf 220 °C vorheizen. Auberginen waschen, trockenreiben, mit 2 EL ÖL beträufeln und im Ofen 20 Minuten unter Wenden rösten.
2 Paprika und Tomaten waschen, abtrocknen und mit dem Knoblauch (ungeschält) dazugeben. Alles mit restlichem Öl beträufeln, noch 20 Minuten rösten und abkühlen lassen.
3 Auberginen schälen und in Würfel schneiden. Paprika häuten, entkernen und in Streifen schneiden. Knoblauch schälen. Gemüse mit der Chilischote wieder in den Bräter geben. Mit Kümmel und Zitronensaft würzen. Oliven entsteinen und zugeben. Gemüse salzen, pfeffern und ohne Deckel 10–15 Minuten garen, bis die Flüssigkeit verdampft ist.
4 Gemüse aus dem Ofen nehmen und lauwarm abkühlen lassen. Mit Minze servieren.

Zubereitungszeit 1 Stunde und 20 Minuten
Pro Portion 1147 kJ • 273 kcal • 5 g Eiweiß • 20 g Fett • 18 g Kohlenhydrate • 238 mg • Vitamin C • 6,6 mg Vitamin E • 64,1 mg Kalzium

Zutaten
Für 4 Personen
250 g Pfifferlinge oder Austernpilze
1 kleine Zwiebel
2 EL Olivenöl
Salz
Pfeffer aus der Mühle
50 ml Gemüsebrühe (Instant)
100 g Feldsalat
50 g Rucola
3 EL Kürbiskernöl
1–2 EL Weinessig

Feldsalat mit Pilzen

1 Pilze putzen, große Exemplare in Stücke schneiden. Austernpilze in Streifen teilen. Zwiebel abziehen und fein hacken.

2 In einer Pfanne Olivenöl erhitzen, Zwiebeln glasig braten, Pilze zugeben und 5 Minuten braten. Mit Salz und Pfeffer würzen, mit Brühe ablöschen und beiseite stellen.

3 Feldsalat und Rucola gründlich waschen und trocken, schleudern und in einer Schüssel mischen. Öl und Essig mit etwas Salz und Pfeffer zu einer Marinade rühren und unter den Salat ziehen.

4 Salat auf vier Tellern verteilen, lauwarme Pilze darauf anrichten und sofort servieren. Nach Wunsch Brot dazu reichen.

Zubereitungszeit 35 Minuten
Pro Portion 659 kJ • 157 kcal • 2 g Eiweiß • 16 g Fett • 2 g Kohlenhydrate • 18 mg Vitamin C • 1,33 µg Vitamin D • 2,27 mg Vitamin E • 41 mg Kalzium

Suppen

Kaum eine Stunde dauert es, eine wirklich köstliche, vitamin- und aromareiche Suppe zu kochen.

Grüne Frühlingssuppe

1 Zwiebel und Möhre würfeln. Lauch putzen und in schmale Ringe schneiden. Knoblauch in Scheiben schneiden. Zwiebel und Knoblauch in Öl anschwitzen, Lauch und Möhre zugeben und 5 Minuten dünsten.
2 Spinat, Kresse und Petersilie waschen, trocknen, dazugeben und unter Rühren zusammenfallen lassen. $^3/_4$ l Wasser aufgießen, Brühe einrühren, aufkochen und 20 Minuten köcheln.
3 Pesto einrühren, salzen, pfeffern und mit Sahne servieren.

Zubereitungszeit 45 Minuten
Pro Portion 433 kJ • 103 kcal • 4 g Eiweiß • 8 g Fett • 5 g Kohlenhydrate • 46 mg Vitamin C • 20 ng Vitamin D • 1,86 mg Vitamin E • 150 mg Kalzium

Zutaten
Für 4 Personen
1 kleine Zwiebel
1 kleine Möhre
2 $^1/_2$ Stangen Lauch
2–3 Knoblauchzehen
2 EL Olivenöl
150 g frischer Spinat
1 Handvoll Kresse
1 Bund glatte Petersilie
3 TL gekörnte Gemüsebrühe
1 EL Pesto
Kräutersalz
Pfeffer aus der Mühle
Saure Sahne

Suppe mit gebackenem Wintergemüse

1 Zwiebel und Knoblauch klein würfeln. Gemüse putzen, waschen, würfeln und mit Öl und Honig vermengen. Mit den Kräutern in einen Bräter füllen und im vorgeheizten Ofen bei 200 °C 25 Minuten garen.
2 Tomaten waschen, vierteln. Zur Suppe geben und bei 190 °C weitere 25 Minuten garen.
3 Kräuter entfernen. Die halbe Menge Gemüse mit 600 ml Wasser im Mixer pürieren. In einen Topf füllen, mit 600 ml Wasser aufgießen, Brühe einrühren. Aufkochen, 10 Minuten köcheln, salzen und pfeffern.

Zubereitungszeit 90 Minuten
Pro Portion 911 kJ • 217 kcal • 7 g Eiweiß • 13 g Fett • 17 g Kohlenhydrate • 4,54 mg Vitamin E • 54,1 mg Vitamin C • 168 mg Kalzium

Zutaten
Für 4 Personen
1 Zwiebel
1 Knoblauchzehe
1 kg gemischtes Wurzelgemüse
4 EL Olivenöl
2 TL Honig
Je 4 Zweiglein Thymian und Rosmarin
2 Lorbeerblätter
4 große reife Tomaten
4–5 TL gekörnte Gemüsebrühe
Salz, Pfeffer

Dinkelsuppe

Zutaten
Für 4 Personen
850 ml Gemüsebrühe (Instant)
70 g Dinkelkörner
1 Kohlrabi
1 große Möhre
1 kleiner Bund Frühlingszwiebeln
165 ml Sojamilch
$1/2$ Bund Petersilie
Kräutersalz
Weißer Pfeffer
1 Prise gemahlener Kreuzkümmel
4 TL Weizenkeimöl

1 Brühe aufkochen, Dinkel einstreuen, einmal aufkochen, dann zugedeckt bei schwacher Hitze 1 Stunde garen. Hitze abstellen und Dinkel 45 Minuten nachquellen lassen.
2 Kohlrabi und Möhre schälen, waschen und in schmale Stifte schneiden. Kohlrabiblättchen fein hacken. Frühlingszwiebeln putzen, waschen und etwa zwei Drittel des Grüns in Ringe schneiden. Gemüse zum Dinkel geben, Sojamilch einrühren und 5 Minuten köcheln.
3 Petersilie waschen, trocken schütteln und Blättchen fein hacken. Suppe mit Salz, Pfeffer und Kreuzkümmel abschmecken. Mit Petersilie und Kohlrabiblättchen garnieren und je 1 TL Weizenkeimöl einrühren.

Zubereitungszeit 2 Stunden
Pro Portion 979 kJ • 233 kcal • 10 g Eiweiß • 13 g Fett • 18 g Kohlenhydrate • 36,6 mg Vitamin C • 255 ng Vitamin D • 10 mg Vitamin E • 131 mg Kalzium

Kürbissuppe

Zutaten
Für 4 Personen
1 Hokkaido-Kürbis (etwa 1 kg)
1 Zwiebel
2 EL Sojaöl
Saft von 1 Orange
4 TL gekörnte Gemüsebrühe
2 EL saure Sahne
1 EL Honig
Weißer Pfeffer
1 EL frisch geriebener Ingwer
1 Schuss Weißwein
1–2 EL Weißweinessig
Kräutersalz
40 g Kürbiskerne
2 EL Kürbiskernöl

1 Kürbis vierteln, schälen, entkernen und klein würfeln. Zwiebel abziehen, fein hacken und in $1\,1/2$ EL Sojaöl glasig braten. Mit Orangensaft und $5/8$ l Wasser aufgießen und aufkochen lassen. Kürbis und gekörnte Brühe zugeben und alles etwa 8 Minuten köcheln lassen.
2 Suppe mit dem Mixer pürieren. Sahne einrühren und mit Honig, Pfeffer, Ingwer, Wein, Essig und Salz abschmecken. Nochmals durchmixen.
3 Kürbiskerne in 1 TL Sojaöl knusprig rösten, leicht salzen. Suppe in tiefe Teller füllen, je 1 TL Kürbiskernöl darüber träufeln, mit den Kürbiskernen bestreuen und sofort servieren.

Zubereitungszeit 45 Minuten
Pro Portion 1126 kJ • 268 kcal • 6 g Eiweiß • 20 g Fett • 16 g Kohlenhydrate • 28 mg Vitamin C • 50 ng Vitamin D • 2,29 mg Vitamin E • 85,7 mg Kalzium

Chinasuppe

Zutaten
Für 4 Personen
4 Shiitake-Pilze
100 g Tofu
2 EL Sojasauce
2 hellgrüne Blätter Endiviensalat
400 g asiatisches TK-Gemüse
½ Bund Schnittlauch
1 l Gemüsebrühe (Instant)
2 EL Sesamöl

1 Pilze über Nacht einweichen. Tofu mit Sojasauce bedecken und abgedeckt marinieren.
2 Pilze abtropfen, abspülen und in ½ cm breite Streifen schneiden. Pilzwasser filtern. Tofu in dünne Streifen schneiden.
3 Salat in Streifen, Schnittlauch in Röllchen schneiden.
4 Gemüsebrühe und Pilzeinweichwasser erhitzen. Gemüse zugeben und bissfest garen. Inzwischen in einer Pfanne das Öl erhitzen, Pilze darin unter Rühren 5 Minuten braten, dann Tofu zugeben und kurz mitbraten.
5 Pilz-Tofu-Mischung und Salatstreifen in vier Teller verteilen, Suppe darauf füllen und mit Schnittlauch bestreut servieren.

Zubereitungszeit 35 Minuten
Quellzeit 12 Stunden
Pro Portion 722 kJ • 172 kcal • 9 g Eiweiß • 10 g Fett • 13 g Kohlenhydrate • 59,8 mg Vitamin C • 988 ng Vitamin D • 1,83 mg Vitamin E • 114 mg Kalzium

Rote Linsen-Suppe

Zutaten
Für 4 Personen
1 Bund Suppengrün
2 Möhren
1 Bund Frühlingszwiebeln
1–2 Knoblauchzehen
Olivenöl
200 g rote Linsen
¾ l Gemüsebrühe (Instant)
150 ml Sojamilch
1 Lorbeerblatt
⅛ l Sahne
2 EL Zitronensaft
Kräutersalz
Cayennepfeffer
1 Stück unbehandelte Zitronenschale
½ Bund Koriandergrün

1 Das Gemüse waschen und klein würfeln. Knoblauch abziehen und fein hacken.
2 Etwas Öl in einem Topf erhitzen, Gemüse und Knoblauch unter Rühren anbraten. Linsen zugeben und kurz mitbraten. Mit Brühe und Sojamilch aufgießen, aufkochen, Lorbeer zugeben und alles zugedeckt bei schwacher Hitze garen.
3 Die Sahne in die Suppe rühren, das Lorbeerblatt entfernen. Suppe mit dem Stabmixer pürieren, mit Zitronensaft, Kräutersalz und Cayennepfeffer pikant abschmecken.
4 Zitronenschale in feine Streifen schneiden. Koriandergrün waschen und Blättchen grob hacken. Suppe in tiefe Teller füllen und mit Zitronenschale und Koriander garnieren.

Zubereitungszeit 40 Minuten
Pro Portion 1583 kJ • 377 kcal • 21 g Eiweiß • 17 g Fett • 34 g Kohlenhydrate • 25,4 mg Vitamin C • 537 ng Vitamin D • 2,82 mg Vitamin E • 200 mg Kalzium

Frühlingssuppe mit Huhn

Zutaten

Für 4 Personen

10 getrocknete Spitzmorcheln
250 g grüner Spargel
5 Frühlingszwiebeln
200 g frischer Blattspinat
200 g Hühnerbrust
2 junge Möhren
$^3/_4$ l Gemüsebrühe (Instant)
100 g Vollkornnudeln oder -spätzle
1 TL Butter
1 TL Olivenöl
2 EL Limettensaft
Kräutersalz
Pfeffer aus der Mühle

1 Morcheln 6 Stunden einweichen, abspülen und abtropfen lassen. Das Einweichwasser filtern. Spargel waschen und die Enden in 5 cm lange Stücke teilen. Frühlingszwiebeln und Spinat waschen. Frühlingszwiebeln in Ringe schneiden. Hühnerbrust waschen und in Streifen schneiden. Möhren schälen und raspeln.

2 Brühe mit Morchelwasser aufkochen, Nudeln und Morcheln zugeben und Nudeln bissfest garen. 5 Minuten vor Ende der Garzeit Spargel zugeben.

3 Butter und Öl erhitzen, Fleisch und Möhren zugeben, mit Limettensaft beträufeln und etwa 2 Minuten rundum braten.

4 Hühnerfleisch und Gemüse zur Suppe geben und alles erhitzen. Mit Salz und Pfeffer würzen.

Zubereitungszeit 40 Minuten
Quellzeit 6 Stunden
Pro Portion 995 kJ • 237 kcal • 19 g Eiweiß • 7 g Eiweiß • 23 g Kohlenhydrate • 56,4 mg Vitamin C • 903 ng Vitamin D • 2,97 mg Vitamin E • 154 mg Kalzium

Fischsuppe mit Fenchel

1 Filet waschen, trocken tupfen und in Stücke schneiden; mit Zitronensaft beträufeln.

2 $1\frac{1}{2}$ l Wasser mit Wein und Fischabfällen aufkochen und köcheln lassen.

3 Das Gemüse waschen und grob zerkleinern. Mit Pfefferkörnern und Petersilie zum Fischsud geben. 30 Minuten leicht köcheln lassen.

4 Fond abseihen, mit Salz und Pfeffer abschmecken. Fenchel waschen und in feine Streifen schneiden. Grün fein hacken.

5 Fenchel im Fond 10–15 Minuten garen. Filet zugeben und 5 Minuten im Fischfond ziehen lassen. Mit Fenchelgrün und Croutons bestreut servieren.

Zubereitungszeit 1 Stunde

Pro Portion 693 kJ • 165 kcal • 28 g Eiweiß • 3 g Fett • 5,58 g Kohlenhydrate • 28,3 mg Vitamin C • 4,61 µg Vitamin D • 2,09 mg Vitamin E • 82,7 mg Kalzium

Zutaten

Für 4 Personen

500 g gemischtes Fischfilet
1 EL Zitronensaft
200 ml trockener Weißwein
250 g Fischabfälle
2 Schalotten
3 Frühlingszwiebeln
1 mittelgroße Petersilienwurzel
8 weiße Pfefferkörner
1 Bund glatte Petersilie
Kräutersalz
Pfeffer aus der Mühle
1 Fenchel
Croutons

Tomatensuppe mit Krabben

1 Tomaten überbrühen, häuten und in Stücke schneiden. Suppengrün putzen, waschen und klein würfeln. Zwiebel und Knoblauch fein hacken. Kräuter zusammenbinden.

2 Das Öl in einem großen Topf erhitzen, Suppengrün darin anbraten. Zwiebel und Knoblauch zugeben, kurz mitbraten. Tomaten und Kräuterbund zugeben und zugedeckt 30 Minuten dünsten. Kräuter entfernen.

3 Gemüsebrühe zugießen, saure Sahne einrühren und Suppe pürieren. Nochmals kurz erhitzen. Schnittlauch wachen und in Röllchen schneiden.

4 Krabben einlegen, in der Suppe ziehen lassen. Mit Salz, Pfeffer und Zucker würzen, mit Schnittlauch bestreuen.

Zubereitungszeit 1 Stunde

Pro Portion 1042 kJ • 248 kcal • 12 g Eiweiß • 13 g Fett • 19 g Kohlenhydrate • 135 mg Vitamin C • 375 ng Vitamin D • 6,17 mg Vitamin E • 188 mg Kalzium

Zutaten

Für 4 Personen

2 kg reife Tomaten
2 Bund Suppengrün
1 Gemüsezwiebel
1–2 Knoblauchzehen
3 Zweiglein Thymian
1 Zweiglein Rosmarin
$1\frac{1}{2}$ EL Olivenöl
$\frac{1}{2}$ l Gemüsebrühe (Instant)
100 g saure Sahne
1 Bund Schnittlauch
100 g Krabben
Kräutersalz
Pfeffer aus der Mühle
1 Prise Zucker

Sprossensuppe

Zutaten
Für 4 Personen
- 1 Zwiebel
- 1 Knoblauchzehe
- 1 rote Pfefferschote
- 1 Stück frischer Ingwer, etwa 2 cm
- 300 g gemischte Sprossen
- 1 TL gemahlene Gelbwurz
- 1 1/2 TL gemahlener Kreuzkümmel
- 1 TL gemahlener Koriander
- 1 TL Safranfäden
- Je 1 Msp. Muskat und Piment
- 1 EL Sojaöl
- 3/4 l Gemüsebrühe
- 1/8 l Sojamilch
- 1/8 l Sahne
- Kräutersalz
- Sonnenblumenkerne

1 Zwiebel und Knoblauch abziehen und fein hacken. Pfefferschote halbieren, ohne Kerne und Trennwände quer in feine Streifen schneiden. Ingwer schälen und klein würfeln. Sprossen kurz abspülen und abtropfen lassen. Gewürze in einer Schüssel mischen

2 Öl in einem Topf erhitzen, Zwiebel, Knoblauch, Pfefferschote, Ingwer und Gewürzmischung anbraten, bis die Zwiebel glasig ist. Mit der Brühe aufgießen und alles zum Kochen bringen. Sprossen zugeben und die Suppe 5 Minuten zugedeckt leise köcheln lassen.

3 Sojamilch und Sahne einrühren, Suppe mit Salz abschmecken und nochmals erhitzen. Mit gerösteten Sonnenblumenkernen bestreut servieren.

Zubereitungszeit 30 Minuten
Pro Portion 1063 kJ • 253 kcal • 13 g Eiweiß • 17 g Fett • 13 g Kohlenhydrate • 28,3 mg Vitamin C • 613 ng Vitamin D • 3,45 mg Vitamin E • 146 mg Kalzium

Gazpacho

Zutaten
Für 4 Personen
- 800 g reife Tomaten
- 1 Zwiebel
- 1-2 Knoblauchzehen
- Je 1 große gelbe und rote Paprikaschote
- 1 Salatgurke
- 2 Scheiben Vollkornbaguette
- 4 EL Olivenöl
- Salz
- Pfeffer aus der Mühle
- 2 EL Weißweinessig
- 1/4 l Eiswasser

1 Tomaten überbrühen, häuten, entkernen und würfeln. Zwiebel und Knoblauch fein hacken.

2 Paprika putzen und würfeln. Gurke schälen, längs halbieren, entkernen und klein würfeln.

3 Ein Drittel der Gemüsewürfel zugedeckt kühl stellen.

4 Brot in Wasser einweichen, ausdrücken und mit restlichem Gemüse, Zwiebel und Knoblauch pürieren. In eine Schüssel füllen, das Öl unterrühren und mit Salz, Pfeffer und Essig abschmecken. Eiswasser einrühren und in das Tiefkühlfach stellen.

5 Bevor die Suppe gefriert, durchrühren und mit restlichen Gemüsewürfeln servieren.

Zubereitungszeit 50 Minuten
Kühlzeit 2 Stunden
Pro Portion 777 kJ • 185 kcal • 4 g Protein • 13 g Fett • 13 g Kohlenhydrate • 0,14 g Vitamin C • 4,73 mg Vitamin D • 70,9 mg Kalzium

Single-Gerichte

Wer einen Einpersonenhaushalt führt, hat oft keine rechte Lust, sich etwas Richtiges zu kochen. Schnelles Essen, kalte Küche oder ein Besuch im Restaurant können aber nicht ausgleichen, was eine ausgewogenc Ernährung zu bieten vermag. Deshalb wurden für die wachsende Zahl der Singles besonders interessante und attraktive Speisen ausgewählt. Selbst wenn Sie sich (und Freunden) nur zweimal in der Woche solche köstlichen und nährstoffreichen Gerichte kochen, tun Sie sich etwas Gutes – und haben sicher bald Lust auf mehr ...

Gefüllte Tortilla

Zutaten
Für 1 Person

50 g Hüttenkäse
Etwas unbehandelte Zitronenschale
Kräutersalz
Pfeffer aus der Mühle
1 Tomate
½ gelbe Paprikaschote
1 Frühlingszwiebel
2 Radieschen
2 Stängel Basilikum
2 Blätter Eissalat
1 EL Sonnenblumenkerne
1 Weizenmehl-Tortilla

1 Hüttenkäse mit Zitronenschale, Salz und Pfeffer abschmecken.

2 Tomate waschen, vom Stielansatz befreien, vierteln, entkernen und in kleine Stücke schneiden. Paprikaschote putzen, waschen und klein würfeln. Frühlingszwiebel und Radieschen putzen, waschen und klein schneiden. Basilikum in schmale Streifen schneiden.

3 Hüttenkäse mit dem zerkleinerten Gemüse und Basilikum vermengen. Salatblätter waschen und trocken tupfen. Sonnenblumenkerne in einer Pfanne trocken rösten. Tortilla erwärmen.

4 Sonnenblumenkerne unter die Hüttenkäse-Mischung mengen. Tortilla mit Salatblättern belegen, Hüttenkäse-Mischung darauf verteilen. Tortilla zusammenrollen und servieren.

Tipp Tortillas gibt es aus Weizen- und Maismehl mittlerweile in fast jedem Supermarkt. Maismehl-Tortillas sind knuspriger, weshalb sie sich weniger gut zum Zusammenrollen eignen.

Zubereitungszeit 30 Minuten
Pro Portion 945 kJ • 225 kcal • 14 g Eiweiß • 13 g Fett • 12 g Kohlenhydrate • 123 mg Vitamin C • 62 ng Vitamin D • 9,02 mg Vitamin E • 138 mg Kalzium

Schafskäseröllchen

Zutaten
Für 1 Person
1 Schalotte
1 Knoblauchzehe
3 Stängel Petersilie
2 EL Olivenöl
75 g Rinderhackfleisch
50 g Schafskäse
Salz
Pfeffer aus der Mühle
½ TL gemahlener Kreuzkümmel
1 Msp. edelsüßes Paprikapulver
2 große Blätter Filoteig
½ TL Mehl
Olivenöl zum Braten

1 Zwiebel und Knoblauch abziehen und fein hacken. Petersilie waschen, trocken tupfen und Blättchen fein hacken.

2 Olivenöl in einer kleinen Pfanne erhitzen, Zwiebel und Knoblauch darin glasig dünsten, Hackfleisch zugeben und krümelig braten. Von der Herdplatte nehmen, Feta zerbröckeln und zugeben. Mit den Gewürzen abschmecken, Petersilie untermischen.

3 Teigblätter auf einer Arbeitsplatte ausbreiten, in je 8 Rechtecke schneiden. Je 1 Teelöffel Fleischfüllung darauf setzen und Teigblätter aufrollen. Mehl mit 1 EL kaltem Wasser verrühren, Teigränder damit bestreichen, etwas andrücken.

4 Olivenöl in einer großen Pfanne erhitzen, Teigröllchen darin in zwei Portionen rundum goldgelb braten. Auf Küchenpapier entfetten. Dazu passt frischer Blattspinat oder einfach ein gemischter Salat.

Zubereitungszeit 40 Minuten
Pro Person 227 kJ • 543 kcal • 26 g Eiweiß • 45 g Fett • 11 g Kohlenhydrate • 12,5 mg Vitamin C • 0,19 µg Vitamin D • 3,89 mg Vitamin E • 275 mg Kalzium

Brotsalat

Zutaten
Für 1 Person
150 g altbackenes Vollkorn-Baguette
Salz
1 EL Rotweinessig
2 EL Olivenöl oder Rapsöl
1 kleine Knoblauchzehe
1 kleine rote Zwiebel
3 Stängel Basilikum
Pfeffer aus der Mühle
1 große Tomate
Käse zum Bestreuen

1 Brot in Scheiben schneiden. 15 Minuten einweichen, ausdrücken und klein schneiden.

2 1 Prise Salz mit Essig, Öl und Knoblauch verrühren.

3 Zwiebel abziehen und in hauchdünne Scheiben schneiden. Basilikum in Streifen schneiden. Beides mit dem Brot vermischen. Marinade darüber gießen und mit Pfeffer würzen.

4 Mit Tomatenstücken, Basilikum und Käse servieren.

Zubereitungszeit 20 Minuten
Quellzeit 15 Minuten
Pro Person 2221 kJ • 529 kcal • 14 g Eiweiß • 16 g Fett • 80 g Kohlenhydrate • 22,5 mg Vitamin C • 35 ng Vitamin D 2,73 mg Vitamin E • 120 mg Kalzium

Kartoffelsalat

Zutaten
Für 1 Person
200 g kleine festkochende Kartoffeln
1 kleine Knoblauchzehe
1 EL Walnussöl
1 TL Apfelessig
Salz
Zucker
Weißer Pfeffer aus der Mühle
1 EL gehackte Walnusskerne
2–3 EL Gemüsebrühe (Instant)
2 Stängel Stangensellerie
25 g Blauschimmelkäse (45 %)
2 Stängel frische Minze

1 Kartoffeln in etwa 20 Minuten als Pellkartoffeln garen, abgießen, schälen und in Scheiben schneiden.
2 Knoblauch abziehen, mit Öl, Essig, 1 Prise Salz, Zucker und Pfeffer, 1 TL Walnusskernen und 1 EL Brühe mit dem Stabmixer pürieren.
3 Sellerie waschen und in Scheiben schneiden. Selleriegrün fein hacken und beiseite stellen. Käse in kleine Stücke teilen. Minze waschen und Blätter in feine Streifen schneiden.
4 Kartoffeln noch heiß mit der Marinade, restlichen Nüssen, Käse, Sellerie und Minze vermischen. Zugedeckt 10 Minuten ziehen lassen. Salat mit Selleriegrün bestreut anrichten.

Zubereitungszeit 30 Minuten
Ruhezeit 10 Minuten
Pro Portion 1718 kJ • 409 kcal • 11 g Eiweiß • 27 g Fett • 30 g Kohlenhydrate • 33,3 mg Vitamin C • 127 ng Vitamin D • 1,54 mg Vitamin E • 192 mg Kalzium

Matjessalat

Zutaten
Für 1 Person
1 Matjesfilet
1 kleine Gewürzgurke
½ Stängel Stangensellerie
1 Frühlingszwiebel
1 große gekochte Salatkartoffel
½ Apfel
1 TL Zitronensaft
1 TL Weißweinessig
Kräutersalz
Pfeffer aus der Mühle
3 Stängel Dill
1 EL saure Sahne
1 EL Jogurt (1,5 %)
2 Blätter Eissalat

1 Matjesfilet kurz kalt abspülen und trocken tupfen. In mundgerechte Stücke schneiden.
2 Gewürzgurke klein würfeln. Stangensellerie und Frühlingszwiebel putzen und waschen. Sellerie in Scheiben, Zwiebel in Ringe schneiden. Kartoffel schälen und würfeln. Apfel entkernen, würfeln und sofort mit Zitronensaft beträufeln.
3 Alles in einer Schüssel mit Essig, Salz und Pfeffer abschmecken. Kurz ziehen lassen.
4 Dillfähnchen fein hacken, mit saurer Sahne und Jogurt verrühren und unter den Salat ziehen.
5 Salatblätter waschen und trocken tupfen. Einen Teller damit auslegen, Salat darauf anrichten.

Zubereitungszeit 25 Minuten
Pro Portion 2440 kJ • 581 kcal • 31 g Eiweiß • 40 g Fett • 24 g Kohlenhydrate • 33,9 mg Vitamin C • 37,6 µg Vitamin D • 4,17 mg Vitamin E • 197 mg Kalzium

Paprikasuppe

Zutaten
Für 1 Person

1 gelbe Paprikaschote
$^1/_2$ rote Paprikaschote
$^1/_2$ Zwiebel
Je 1 Stängel Thymian und Rosmarin
1 EL Olivenöl
200 ml Gemüsebrühe (Instant)
1 kleines Lorbeerblatt
2 EL saure Sahne
Kräutersalz
Pfeffer aus der Mühle
Edelsüßes Paprikapulver
1 Msp. Cayennepfeffer
1 TL gehackte Petersilie

1 Paprikaschoten waschen und klein würfeln. Zwiebel abziehen und fein hacken. Kräuter waschen und trocken tupfen.

2 Öl in einem Topf erhitzen, Zwiebel glasig dünsten, Paprika zugeben, kurz anbraten und mit Gemüsebrühe aufgießen. Kräuter und Lorbeerblatt zufügen und Suppe zugedeckt etwa 15 Minuten köcheln lassen.

3 Kräuter entfernen und Suppe mit dem Stabmixer pürieren. Sahne unterziehen und mit Salz, Pfeffer, Paprikapulver und etwas Cayennepfeffer würzen.

4 Suppe in einen Teller füllen und mit Petersilie bestreuen. Dazu passt Vollkorn-Baguette.

Zubereitungszeit 35 Minuten
Pro Portion 1214 kJ • 289 kcal • 5 g Eiweiß • 24 g Fett • 12 g Kohlenhydrate • 257 mg Vitamin C • 0,4 µg Vitamin D • 6,63 mg Vitamin E • 146 mg Kalzium

Kartoffelsuppe mit Lachs

Zutaten
Für 1 Person

3 Frühlingszwiebeln
200 g mehlig kochende Kartoffeln
50 g Brunnenkresse
1 EL Rapsöl
100 ml Milch (1,5 %)
300 ml Hühnerbrühe
Muskatnuss
Kräutersalz
Weißer Pfeffer
1 Schuss Sahne
2 Scheiben Räucherlachs

1 Frühlingszwiebeln waschen, das Weiße in Scheiben schneiden und das Grün beiseite legen. Kartoffeln schälen und würfeln. Brunnenkresse abbrausen, ein paar Blättchen beiseite legen.

2 Öl in einem Topf erhitzen, Zwiebeln glasig braten. Kartoffeln zugeben und mit Milch und Brühe aufgießen. Suppe zum Kochen bringen und zugedeckt etwa 15 Minuten köcheln lassen. Zwiebelgrün in feine Ringe schneiden. Am Ende der Garzeit mit Brunnenkresse zugeben und kurz mitgaren.

3 Suppe pürieren, mit Sahne und etwas Muskatnuss, Salz und Pfeffer abschmecken.

4 Lachs in feine Streifen schneiden. Suppe in einen tiefen Teller füllen, mit Lachsstreifen bestreuen und mit Brunnenkresse garnieren.

Zubereitungszeit 35 Minuten
Pro Portion 2365 kJ • 563 kcal • 28 g Eiweiß • 35 g Fett • 34 g Kohlenhydrate • 1,87 µg Vitamin D • 4,16 mg Vitamin E • 66,9 mg Vitamin C • 325 mg Kalzium

Nudeln mit Pilzen

1 Steinpilze fein hacken, in 50 ml warmem Wasser 30 Minuten quellen lassen.

2 Egerlinge putzen und mit einem Tuch abreiben. Frühlingszwiebeln putzen, waschen und in feine Ringe schneiden. Thymianblättchen abstreifen.

3 Nudeln bissfest garen. Abtropfen lassen.

4 Egerlinge in Öl rundum anbraten. Frühlingszwiebeln und Thymian kurz mitbraten.

5 Steinpilze abseihen, Einweichwasser auffangen und mit der Sahne verrühren. Steinpilze mit Brühe dazugeben und 10 Minuten köcheln lassen. Mit Salz und Pfeffer würzen.

6 Nudeln mit Pilzen anrichten und mit Käse bestreuen.

Zubereitungszeit 40 Minuten
Quellzeit 30 Minuten
Pro Portion 2632 KJ • 629 kcal • 19 g Eiweiß • 29 g Fett • 73 g Kohlenhydrate • 10,6 mg Vitamin C • 3,28 µg Vitamin D • 2,84 mg Vitamin E • 179 mg Kalzium

Zutaten
Für 1 Person

5 g getrocknete Steinpilze
100 g kleine feste Egerlinge
2 Frühlingszwiebeln
1 Stängel Thymian
100 g Vollkorn-Spirelli
Salz
1 ½ EL Olivenöl
1 ½ EL Sahne
Kräutersalz
Pfeffer aus der Mühle
frisch geriebener Käse (z. B. Parmesan)

Satéspieße

Zutaten
Für 1 Person
200 g Hähnchenbrustfilet
Salz
Pfeffer aus der Mühle
1 kleines Stück frischer Ingwer
1/2 frische rote Chilischote
1 Knoblauchzehe
1 TL brauner Zucker
1/2 TL Kreuzkümmel
1 Msp. gemahlener Koriander
3 EL Sojaöl
50 g geröstete ungesalzene Erdnusskerne
1/2 getrocknete rote Chilischoten
1 Schalotte
Etwas Koriandergrün
2 1/2 EL Erdnussöl
1 EL Erdnussbutter
75 ml Hühnerbrühe
4 Holzspieße

1 Hähnchenbrust in Streifen schneiden, salzen und pfeffern.
2 Ingwer schälen und raspeln. Chilischote putzen, fein hacken. Alles mit gepresstem Knoblauch, Zucker, Kreuzkümmel, Koriander und Sojaöl verrühren.
3 Hähnchen auf Spieße stecken, mit der Marinade begießen und 1 Stunde ziehen lassen.
4 Erdnüsse zerkleinern. Chilli im Mörser zerstoßen. Zwiebel abziehen und fein würfeln. Koriandergrün fein hacken.
5 1 EL Erdnussöl in einer kleinen Pfanne erhitzen, Zwiebel und Chilli darin anbraten, Erdnussbutter unterrühren und mit Hühnerbrühe aufgießen. Unter Rühren kurz köcheln lassen, Erdnüsse und Koriandergrün unterziehen. Salzen, pfeffern und in eine Schüssel füllen.
6 Restliches Erdnussöl in einer Pfanne erhitzen, Spieße darin rundum in etwa 5 Minuten goldbraun braten. Zu der Sauce servieren.

Zubereitungszeit 45 Minuten
Marinierzeit 1 Stunde
Pro Portion 3158 kJ • 752 kcal • 64 g Eiweiß • 49 g Fett • 14 g Kohlenhydrate • 9,61 mg Vitamin C • 0,11 µg Vitamin D • 9,02 mg Vitamin E • 101 mg Kalzium

Wildreis-Risotto

1 Zwiebel abziehen und fein hacken. 3 TL Öl in einem Topf erhitzen. Zwiebel, Langkorn- und Wildreis darin unter Rühren anbraten. Mit der halben Menge Gemüsebrühe aufgießen, aufkochen lassen. Zugedeckt bei schwacher Hitze 35 Minuten garen. Restliche Brühe dabei nach und nach zugießen.
2 Inzwischen Tomaten überbrühen, häuten, vom Stielansatz befreien und in Stücke schneiden. 1 TL Öl in einer Pfanne erhitzen, Thymian darin anbraten, Tomaten zugeben und schmoren lassen, bis ein Teil der Flüssigkeit verdampft ist.
3 Tomaten unter den Reis mischen und 10–15 Minuten garen, dabei häufig umrühren. Mit Salz und Pfeffer abschmecken.
4 Risotto auf einem vorgewärmten Teller anrichten. Feta zerbröckeln und darüberstreuen.

Zubereitungszeit 1 Stunde
Pro Portion 2297 kJ • 547 kcal • 17 g Eiweiß • 25 g Fett • 63,8 g Kohlenhydrate • 56,6 mg Vitamin C • 352 ng Vitamin D • 3,91 mg Vitamin E • 304 mg Kalzium

Zutaten
Für 1 Person
1/2 kleine Zwiebel
4 TL Olivenöl
50 g Langkorn-Naturreis
25 g Wildreis
1/8 l Gemüsebrühe (Instant)
1 kleines Lorbeerblatt
200 g reife Tomaten
1 Butterflocke
Frischer Thymian
Kräutersalz
Pfeffer aus der Mühle
50 g Schafskäse (Feta)

Marinierter Tofu mit Gemüse

1 Tofu abtropfen und in mundgerechte Würfel schneiden. Sojasauce mit Sherry verrühren, mit dem Tofu vermischen und abgedeckt ziehen lassen.
2 Lauch waschen und in 1 cm breite Stücke schneiden. Pilze putzen und blättrig schneiden. Tomaten überbrühen, häuten und würfeln.
3 Öl in einer Pfanne erhitzen, abgetropften Tofu unter Rühren kräftig anbraten, Gemüse und Tofumarinade zufügen und alles etwa 3 Minuten braten, bis alle Flüssigkeit verdampft ist. Mit Salz und Pfeffer würzen und mit Schnittlauch bestreut anrichten. Dazu passt Langkorn-Naturreis.

Zubereitungszeit 30 Minuten
Pro Portion 1966 kJ • 468 kcal • 32 g Eiweiß • 33 g Fett • 9 g Kohlenhydrate • 56,4 mg Vitamin C • 1,94 µg Vitamin D • 5,77 mg Vitamin E • 344 mg Kalzium

Zutaten
Für 1 Person
150 g Tofu
2 EL Sojasauce
1 TL trockener Sherry
1/2 Stange Lauch
100 g Egerlinge
150 g Tomaten
1 1/2 EL Sojaöl
Kräutersalz
Pfeffer aus der Mühle
1 TL Schnittlauchröllchen

Fischgerichte

Noch vor einigen Jahren war es aufgrund der weniger gut entwickelten Transport- und Kühlsysteme schwierig, frischen Fisch zu bekommen und zu lagern. Doch heute ist frischer Fisch nicht nur in den Theken der Kaufhäuser und in Delikatessenläden zu finden. Auch Fisch aus der Tiefkühltruhe hat einen hohen Nährwert. Fisch gehört aufgrund der wertvollen Omega-3-Fettsäuren (→ Seite 31) bei Arthrose zu den wichtigsten Lebensmitteln.

Seezunge in Safransauce

Zutaten
Für 4 Personen

- 2 küchenfertige Seezungen (je etwa 400 g)
- 2 EL Zitronensaft
- Salz
- Weißer Pfeffer
- 1 Schalotte
- 1 Gärtnergurke
- 1 EL Öl
- 1 EL Butter oder Margarine
- 1 Döschen Safran
- $\frac{1}{8}$ l Fischfond (Glas)
- 2 EL saure Sahne
- 1 Handvoll Kerbel

1 Seezungen unter kaltem Wasser abspülen und mit Küchenpapier trocken tupfen. Mit Zitronensaft beträufeln, salzen und pfeffern.

2 Schalotte schälen und fein hacken. Gurke schälen, längs halbieren und Kerne entfernen. Gurkenfleisch in kleine Würfel schneiden.

3 In einem Topf Öl und Butter oder Margarine erhitzen, Schalotte und Gurke darin andünsten. Safran zugeben und anschwitzen. Mit Fischfond aufgießen, saure Sahne mit dem Schneebesen einrühren und mit Salz und Pfeffer würzen.

4 Sauce aufkochen lassen, Seezungen einlegen, Topf von der Kochplatte nehmen und Fisch im heißen Fond in 5–6 Minuten gar ziehen lassen.

5 Inzwischen Kerbel waschen, trocken schütteln und Blättchen fein hacken. Seezunge auf vorgewärmten Tellern mit der Sauce anrichten und mit Kerbelblättchen bestreuen. Dazu passen junge Pellkartoffeln oder Reis.

Tipp Seezunge ist im Vergleich zu anderen Fischsorten besonders arm an Arachidonsäure.

Zubereitungszeit 30 Minuten
Pro Portion 827 kJ • 197 kcal • 19 g Eiweiß • 12 g Fett • 4 g Kohlenhydrate • 8,77 mg Vitamin C • 112 ng Vitamin D • 3,12 mg Vitamin E • 80 mg Kalzium

Lachsforelle in Salzkruste

Zutaten
Für 4 Personen

- 2 kg Meersalz (ungereinigt)
- 1 ½ TL Rosmarinnadeln
- 1 ½ TL gerebelter Thymian
- 1 TL Oregano
- 4–5 Knoblauchzehen
- 1 küchenfertige Lachsforelle (etwa 1,2 kg)
- Pfeffer aus der Mühle

1 Backofen auf 250 °C vorheizen. Meersalz mit den Kräutern vermischen. Knoblauch abziehen und dazu pressen.

2 Forelle waschen und trocken tupfen. Innen leicht mit etwas Kräutersalz und Pfeffer würzen. Die halbe Menge Kräutersalz in einem Bräter verteilen, die Forelle darauf legen und mit restlichem Salz bedecken.

3 Forelle im heißen Ofen etwa 25 Minuten backen. Die Ofentemperatur ausschalten und die Forelle noch 10 Minuten ziehen lassen.

4 Die Salzkruste vorsichtig aufbrechen, Forelle auf einer vorgewärmten Platte anrichten. Von Kopf, Schwanz und Haut befreien. Die Filets vorsichtig von den Gräten lösen und sofort servieren.

Zubereitungszeit 15 Minuten
Backzeit 35 Minuten
Pro Portion 1453 kJ • 346 kcal • 62 g Eiweiß • 10 g Fett • 1 g Kohlenhydrate • 11,7 mg Vitamin C • 54 µg Vitamin D • 5,02 mg Vitamin E • 47,6 mg Kalzium

Lachs mit Jogurtdip

Zutaten
Für 4 Personen

- 1 Zitrone
- 4 Scheiben Lachsfilet
- Salz
- Pfeffer aus der Mühle
- ½ Bund Dill
- 200 g Jogurt (1,5 %)
- 50 g saure Sahne
- 50 g frische Krabben
- 2 EL Sojaöl

1 Zitronen auspressen. Lachs waschen, trocken tupfen, mit Salz, Pfeffer und Zitronensaft würzen. Dill waschen, trocken tupfen, Fähnchen fein hacken.

2 Jogurt mit saurer Sahne verrühren. Salzen, pfeffern und Dill und Krabben unterrühren. In vier Schälchen füllen und kalt stellen.

3 Öl in einer Pfanne erhitzen, Lachsscheiben darin je Seite 4 Minuten braten. Auf vorgewärmten Tellern anrichten. Mit dem Jogurtdip servieren.

Tipp Am besten schmeckt frischer Lachs im April. Im Mai ist er weniger aromatisch.

Zubereitungszeit 25 Minuten
Pro Portion 1646 kJ • 392 kcal • 42 g Eiweiß • 22 g Fett • 5,26 g Kohlenhydrate • 18,3 mg Vitamin C • 32,7 µg Vitamin D • 6,23 mg Vitamin E • 122 mg Kalzium

Lachs aus dem Wok

Zutaten
Für 4 Personen
1 Stück frischer Ingwer
2 Knoblauchzehen
1 Bund Frühlingszwiebeln
600 g grüner Spargel
400 g Lachsfilet
6 EL Rapsöl
Kräutersalz
Pfeffer aus der Mühle
10 cl Sherry
3 EL Sojasauce

1 Ingwer schälen, Knoblauch abziehen, beides in kleine Würfel schneiden. Frühlingszwiebeln putzen, waschen und in feine Ringe schneiden. Spargel waschen, Enden abschneiden und Stangen schräg in 2 cm lange Stücke schneiden. Lachs waschen, trocken tupfen und in 1 cm große Würfel schneiden.
2 3 EL Öl im Wok oder einer tiefen Pfanne erhitzen, Lachs darin 1 Minute rührbraten, herausnehmen. Restliches Öl zugeben, Ingwer, Knoblauch und Frühlingszwiebeln darin unter Rühren anbraten.
3 Spargel zugeben und 8 Minuten unter Rühren braten. Salzen, pfeffern und mit Sherry und Sojasauce ablöschen, Lachs zugeben, vorsichtig untermengen, erwärmen und servieren.

Zubereitungszeit 30 Minuten
Pro Portion 1520 kJ • 362 kcal • 23 g Eiweiß • 25 g Fett • 5 g Kohlenhydrate • 32 mg Vitamin C • 16,3 µg Vitamin D • 9,44 mg Vitamin E • 75 mg Kalzium

Gegrillte Heringe

Zutaten
Für 4 Personen
8 küchenfertige Heringe
1 unbehandelte Zitrone
1 Bund Thymian
1 Bund Petersilie
4 Knoblauchzehen
5–6 EL Olivenöl
Kräutersalz
Pfeffer aus der Mühle

1 Den Grill vorheizen. Heringe kalt abspülen, trocken tupfen. Zitrone waschen, abtrocknen und Schale fein abreiben. Zitrone in dünne Scheiben schneiden, die Scheiben halbieren.
2 Thymian und Petersilie waschen, trocken tupfen und Blättchen fein hacken. Knoblauch abziehen und fein würfeln. Zitronenschale, Thymian, Petersilie und Knoblauch mit dem Olivenöl verrühren. Marinade salzen und pfeffern.
3 Heringe rundum mit der Marinade einstreichen. Zitronenscheiben in die Fische füllen.
4 Heringe in Alu-Grillpfannen legen. Beidseitig je 8–12 Minuten grillen, dabei mit restlicher Ölmischung bestreichen.

Zubereitungszeit 30 Minuten
Pro Portion 1995 kJ • 475 kcal • 50 g Eiweiß • 29 g Fett • 3 g Kohlenhydrate • 23,2 mg Vitamin C • 21,5 µg Vitamin D • 4,42 mg Vitamin E • 179 mg Kalzium

Lachscurry

1 Reis nach Packungsangabe garen. Zwiebel und Knoblauch abziehen und fein hacken. Ingwer schälen und in Würfel schneiden. Chilischote von Kernen befreien und klein hacken.
2 Lachsfilet waschen, trocken tupfen, in $^1/_2$ cm große Würfel schneiden, mit den Garnelen in eine Schüssel geben und mit Salz, Pfeffer und Zitronensaft würzen.
3 Öl erhitzen. Zwiebel, Knoblauch, Ingwer und Chili andünsten. Mit Gelbwurz und Curry bestäuben, mit Kokosmilch aufgießen, zum Kochen bringen und mit Salz und Pfeffer würzen. Hitze reduzieren.
4 Lachs-Garnelen-Mischung einlegen, in 5–7 Minuten gar ziehen lassen. Die Butter erhitzen, Garam Masala einrühren und den Duftreis darin schwenken. Reis auf Tellern anrichten, Lachscurry darüber geben und mit Koriander bestreuen.

Zubereitungszeit 35 Minuten
Pro Portion 1743 kJ • 415 kcal • 20 g Eiweiß • 16 g Fett • 47 g Kohlenhydrate • 3,8 mg Vitamin C • 12,3 µg Vitamin D • 3,74 mg Vitamin E • 57,2 mg Kalzium

Zutaten
Für 4 Personen
200 g Duftreis
Salz
1 Zwiebel
2 Knoblauchzehen
1 Stück frischer Ingwer
1 frische rote Chilischote
300 g Lachsfilet
50 g geschälte Garnelen
Pfeffer aus der Mühle
Saft von $^1/_2$ Zitrone
2 EL Rapsöl
1–2 TL gemahlene Gelbwurz
1 Msp. Curry
$^1/_2$ l Kokosmilch
$^1/_2$ TL Garam Masala
1 EL Butter
Korianderblättchen

Seeteufel in pikanter Sauce

Zutaten
Für 4 Personen
4 Scheiben Seeteufel
2 EL Zitronensaft
3 Zweiglein frischer Rosmarin
1 Bund Basilikum
1 Bund Frühlingszwiebeln
1 Fleischtomate
6 schwarze Oliven
1 EL Olivenöl
4 TL Kapern
200 ml Fischfond (Glas)
Kräutersalz
Pfeffer aus der Mühle

1 Fisch kalt abspülen, trocken tupfen und mit Zitronensaft beträufeln.

2 Kräuter waschen, trocken tupfen, Nadeln bzw. Blättchen fein hacken. Frühlingszwiebeln putzen, waschen und in feine Ringe schneiden. Tomate waschen, Oliven entkernen und beides in Würfel schneiden.

3 Öl in einer Pfanne erhitzen, Frühlingszwiebeln darin glasig braten. Kräuter, Tomate, abgetropfte Kapern, Oliven und Fischfond zugeben. Alles erhitzen, salzen und pfeffern.

4 Fischscheiben salzen, pfeffern und in die Sauce legen. Bei mittlerer Hitze zugedeckt in etwa 2 Minuten garen. Auf Tellern mit der Sauce anrichten.

Zubereitungszeit 30 Minuten
Pro Portion 827 kJ • 197 kcal • 24 g Eiweiß • 9 g Fett • 6 g Kohlenhydrate • 15,8 mg Vitamin C • 3 µg Vitamin D • 2,26 mg Vitamin E • 95,5 mg Kalzium

Ingwer-Forelle

Zutaten
Für 4 Personen
2 küchenfertige Forellen (á 350 g)
Salz
25 g frischer Ingwer
2 Knoblauchzehen
1 Bund Frühlingszwiebeln
2 Möhren
120 g Egerlinge
3 EL Reiswein (oder Sherry)
2 EL Sojasauce

1 Forellen kalt waschen und trocken tupfen. Die Haut vorsichtig im Abstand von 2 cm schräg einritzen. Fische innen salzen, in einen ausreichend großen Dämpfeinsatz legen.

2 Ingwer und Knoblauch schälen, in dünne Scheiben schneiden. Frühlingszwiebeln putzen, waschen und in Achtel schneiden. Möhren schälen und in feine Stifte schneiden. Pilze putzen und blättrig schneiden.

3 Gemüse über den Forellen verteilen. Reiswein mit Sojasauce verrühren und über das Gemüse träufeln.

4 Etwa 3 cm hoch Wasser in einen Topf füllen und aufkochen. Fische im Siebeinsatz darüber stellen und zugedeckt bei mittlerer Hitze 15 Minuten garen.

Zubereitungszeit 45 Minuten
Pro Portion 1034 kJ • 247 kcal • 38 g Eiweiß • 7 g Fett • 5 g Kohlenhydrate • 15,3 mg Vitamin C • 32 µg Vitamin D • 3,25 mg Vitamin E • 73,6 mg Kalzium

Mangold-Fischpäckchen

Zutaten

Für 4 Personen

900 g Mangold
Salz
600 g Fischfilet
Kräutersalz
Pfeffer aus der Mühle
Saft von 1 Zitrone
4 große Fleischtomaten
1 Gemüsezwiebel
1 Knoblauchzehe
2 EL Olivenöl
2 EL Tomatenmark
1 TL Kräuter der Provénce

1 Mangold in Blätter teilen und waschen. 12 grüne Blätter in kochendem Salzwasser 1 Minute blanchieren, kalt abschrecken und Mittelrippen flach schneiden. Blattstiele schälen und in Streifen schneiden. Restliche grüne Blätter beiseite stellen.

2 Fisch waschen, trocken tupfen und in 12 Stücke schneiden. Mit Kräutersalz, Pfeffer und Zitronensaft würzen. Je ein Stück auf ein blanchiertes Mangoldblatt legen, einschlagen und aufrollen. Tomaten überbrühen, häuten und würfeln.

3 Zwiebel und Knoblauch abziehen und fein hacken. In einem Topf das Öl erhitzen, Zwiebel und Knoblauch darin kurz anbraten, Mangoldstiele zugeben und alles etwa 3 Minuten braten. Tomatenmark einrühren, Tomaten zugeben, mit Salz, Pfeffer und Kräutern würzen. Alles 5 Minuten köcheln lassen, dann Fischpäckchen darauf setzen. Bei zugedecktem Topf etwa 10 Minuten garen.

4 Restlichen Mangold in Streifen schneiden und 5 Minuten mitgaren.

Zubereitungszeit 1 Stunde 10 Minuten

Pro Portion 979 kJ • 233 kcal • 32 g Eiweiß • 5 g Fett • 13 g Kohlenhydrate • 109 mg Vitamin C • 1,95 µg Vitamin D • 5,19 mg Vitamin E • 241 mg Kalzium

Graved Lachs mit Dillsauce

Zutaten
Für 4 Personen
400 g frisches Lachsfilet (mit Haut)
1 EL grobes Meersalz
1 EL Zucker
2 Bund Dill
Pfeffer aus der Mühle
80 g mittelscharfer Senf
65 g Zucker
3 EL Weißweinessig
75 ml Rapsöl
Kräutersalz

1 Lachsfilet quer halbieren, mit der Haut nach unten legen. Salz mit 1 EL Zucker vermischen, Filets damit bestreuen.
2 1 Bund Dill waschen und trocken tupfen. Eine Lachsfilethälfte mit dem Dill belegen. Die andere Hälfte darüber legen.
3 Lachs in einen Gefrierbeutel geben, gut verschließen. Beutel in eine flache Schüssel legen und beschweren, 48 Stunden kühl stellen und einmal wenden.
4 Dillstängel entfernen. Lachs leicht mit Pfeffer würzen und in dünne Scheiben schneiden.
5 Senf mit Zucker, Essig und Öl verrühren. Restlichen Dill waschen, trocken tupfen und fein hacken. Unter die Sauce rühren. Mit 3 Prisen Kräutersalz abschmecken. Sauce getrennt zum Lachs servieren.

Zubereitungszeit 30 Minuten
Marinierzeit 48 Stunden
Pro Portion 1067 kJ • 254 kcal • 2020 g Eiweiß • 10 g • 20 g Kohlenhydrate • 2,35 mg Vitamin C • 16,3 µg Vitamin D • 2,96 mg Vitamin E • 48,4 mg Kalzium

Gebackene Kräuterforellen

Zutaten
Für 4 Personen
4 küchenfertige Forellen
Kräutersalz
Pfeffer aus der Mühle
4 EL Olivenöl
Je ½ Bund Petersilie, Schnittlauch und Basilikum
4 Stängel Estragon
3 Zitronen

1 Forellen waschen und mit Küchenpapier trocken tupfen. Mit Kräutersalz, Pfeffer und Öl einreiben. In eine gefettete feuerfeste Form legen. Backofen auf 190 °C vorheizen.
2 Kräuter waschen und Blättchen fein hacken. Saft von 2 Zitronen auspressen und mit den Kräutern verrühren. Forellen rundum damit bestreichen.
3 Marinierte Forellen im vorgeheizten Backofen 10–15 Minuten backen. Auf vier Tellern anrichten.
Restliche Zitrone in Scheiben schneiden und zu den Forellen servieren.

Zubereitungszeit 30 Minuten
Pro Portion 1281 kJ • 305 kcal • 31 g Eiweiß • 17 g Fett • 4 g Kohlenhydrate • 33,6 mg Vitamin C • 27 µg Vitamin D • 4,23 mg Vitamin E • 32,2 mg Kalzium

Fleischgerichte

Moderne Fleischgerichte sind leicht und mediterran inspiriert, denn so bleiben die Nährstoffe am besten erhalten. Wir stellen Ihnen Gerichte vor, die den Organismus nicht belasten.

Putenbrust mit Brokkoli

Zutaten
Für 4 Personen

400 g Putenbrust
2 TL Speisestärke
4 EL Sojasauce
6 EL Sojaöl
300 g Brokkoli
200 g kleine Champignons
5 Frühlingszwiebeln
150 ml Geflügelfond
2 EL trockener Sherry
1 EL Limettensaft
100 g ungesalzene Cashewnüsse
Salz
Pfeffer aus der Mühle

1 Putenbrust waschen und trocken tupfen, in 0,5 cm dicke Scheiben schneiden. 1 TL Speisestärke, 2 EL Sojasauce und 1 EL Öl verrühren. Fleisch damit beträufeln und abgedeckt 30 Minuten ziehen lassen.

2 Brokkoli waschen und putzen, Röschen in kleine Stücke teilen, Stiele schräg in 0,5 cm dicke Scheiben schneiden. Pilze putzen, abreiben und halbieren. Zwiebeln putzen und in 0,5 cm dicke Ringe schneiden.

3 Geflügelfond mit Sherry, restlicher Sojasauce, Limettensaft und restlicher Speisestärke verrühren.

4 2 EL Öl in einer großen tiefen Pfanne erhitzen, Cashewnüsse darin anbraten, aus der Pfanne nehmen. Fleisch portionsweise in die Pfanne geben und unter Wenden goldbraun braten. Aus der Pfanne nehmen.

5 Restliches Öl in der Pfanne erhitzen. Brokkolistiele zugeben, unter Wenden 2 Minuten braten, dann Röschen zugeben und alles Weitere 2 Minuten braten. Pilze und Frühlingszwiebeln untermengen und alles noch 4 Minuten rührbraten.

6 Würzmarinade aufgießen und aufkochen lassen. Fleisch und Cashewnüsse zugeben. Alles bei starker Hitze noch 1 Minute unter Rühren braten. Mit Salz und Pfeffer abschmecken und sofort servieren.

Zubereitungszeit 1 Stunde
Marinierzeit 30 Minuten

Pro Portion 1982 kJ • 472 kcal • 35 g Eiweiß • 31 g Fett • 11 g Kohlenhydrate • 60,3 mg Vitamin C • 785 ng Vitamin D • 4,55 mg Vitamin E • 94,6 mg Kalzium

Putenschnitzel mit Tomaten

Zutaten
Für 4 Personen
4 Putenschnitzel
1 kg reife Tomaten
2 Zwiebeln
2 Knoblauchzehen
4 EL Olivenöl
Kräutersalz
Pfeffer aus der Mühle
100 ml trockener Rotwein
2 EL Tomatenmark
1/2 TL Oregano
1/2 Bund Basilikum

1 Schnitzel kalt abspülen und trocken tupfen. Tomaten überbrühen, häuten, vom Stielansatz befreien und in Stücke schneiden. Zwiebeln und Knoblauch abziehen und würfeln.
2 2 EL Öl in einer Pfanne erhitzen, Schnitzel beidseitig anbraten. Mit Salz und Pfeffer würzen und aus der Pfanne nehmen.
3 Restliches Öl in die Pfanne geben, Zwiebel und Knoblauch darin glasig braten. Tomaten, Wein und Tomatenmark zugeben, mit Salz, Pfeffer und Oregano würzen, zugedeckt 5 Minuten köcheln lassen, dabei öfters umrühren. Basilikum waschen, trocken tupfen und Blätter in feine Streifen schneiden.
4 Schnitzel in die Tomatensauce legen, zugedeckt 5–7 Minuten garen. Mit Basilikum bestreut anrichten.

Zubereitungszeit 30 Minuten
Pro Portion 1449 kJ • 345 kcal • 40 g Eiweiß • 14 g Fett • 11 g Kohlenhydrate • 68,5 mg Vitamin C • 15 ng Vitamin D • 5,4 mg Vitamin E • 82,7 mg Kalzium

Kalbsschnitzel mit Salbei

Zutaten
Für 4 Personen
8 dünne Kalbsschnitzel
3 EL Olivenöl
8 frische Salbeiblättchen
Kräutersalz
Pfeffer aus der Mühle
4 EL Weißwein
Etwas Zitronensaft

1 Schnitzel waschen und trocken tupfen, vorsichtig flachklopfen. Salbei waschen und trocken tupfen.
2 Öl in einer Pfanne erhitzen, Salbei darin 1 Minute braten, herausnehmen und beiseite legen. Schnitzel in die Pfanne geben und beidseitig je 2 Minuten anbraten, salzen und pfeffern.
3 Fleisch auf einer warmen Platte mit je einem Salbeiblatt anrichten und warm stellen.
4 Bratenfond mit Weißwein und 1 EL Wasser ablöschen, kurz köcheln lassen, mit etwas Zitronensaft abschmecken und gleichmäßig über den Schnitzeln verteilen.

Zubereitungszeit 25 Minuten
Pro Portion 697 kJ • 166 kcal Fett 5 g • 1 g Kohlenhydrate • 28 g Eiweiß • 1,06 mg Vitamin C • 0 g Vitamin D • 678 µg Vitamin E • 15,5 mg Kalzium

Putenschnitzel in Mangosauce

1 Mango schälen, Fruchtfleisch in Spalten vom Kern schneiden. Schnitzel waschen, trocken tupfen, salzen und pfeffern.
2 Öl in einer Pfanne erhitzen, Schnitzel beidseitig kurz anbraten. Mango, Gewürze und Hühnerbrühe zugeben, aufkochen und zugedeckt bei mittlerer Hitze 3–4 Minuten schmoren.
3 Schnitzel aus der Pfanne nehmen und warm stellen. Sauce einkochen lassen, nochmals mit Salz und Pfeffer abschmecken.
4 Koriander waschen und Blättchen hacken. Schnitzel auf vorgewärmten Tellern anrichten, mit der Sauce überziehen und locker mit dem Korianderkraut garnieren.

Zubereitungszeit 35 Minuten
Pro Portion 1176 kJ • 280 kcal • 34 g Eiweiß • 11 g Fett • 12 g Kohlenhydrate • 38,8 mg Vitamin C • 12,5 ng Vitamin D • 3,52 mg Vitamin E • 42,7 mg Kalzium

Zutaten
Für 4 Personen
1 reife Mango
4 Putenschnitzel
Salz
Weißer Pfeffer aus der Mühle
2 EL Rapsöl
1 TL abgeriebene, unbehandelte Zitronenschale
1/2 TL fein geriebener frischer Ingwer
200 ml Hühnerbrühe
1/2 Bund Korianderkraut (Asienladen)

Lammspieße

Zutaten
Für 4 Personen
4 Lammfilets
2 EL Olivenöl
2 TL Limettensaft
Salz
Pfeffer aus der Mühle
8 Cocktailtomaten
8 kleine Lorbeerblätter
8 Schalotten
1 kleine Knoblauchzehe
400 g Jogurt (1,5 %)
Kräutersalz
Je 1 Msp. gemahlener Koriander und Kreuzkümmel
1 Bund Schnittlauch
1 EL gehackte Petersilie
8 Holz- oder Metallspieße

1 Filets waschen, trocken tupfen und halbieren. Öl mit Limettensaft, Salz und Pfeffer verrühren und über die Filets verteilen. Den Ofengrill vorheizen.
2 Tomaten waschen, Lorbeerblätter auf der Herdplatte etwas anrösten, Schalotten waschen. Knoblauchzehe pressen.
3 Jogurt mit Kräutersalz, Pfeffer, Knoblauch und Gewürzen verrühren. Schnittlauch in feine Röllchen schneiden, Petersilienblättchen fein hacken, beides unter den Jogurt rühren.
4 Auf Spieße je ein Filet stecken, ein Lorbeerblatt und 1 Tomate auf die Enden schieben. Schalotten mit Schale 5 Minuten grillen. Spieße beidseitig je 2 Minuten grillen. Mit Schalotten und Jogurtsauce servieren.

Zubereitungszeit 30 Minuten
Marinierzeit 15 Minuten
Pro Portion 1444 kJ • 344 kcal • 48 g Eiweiß • 14 g Fett • 7 g Kohlenhydrate • 15,4 mg Vitamin C • 30 ng Vitamin D • 1,42 mg Vitamin E • 186 mg Kalzium

Knoblauchhähnchen

Zutaten
Für 4 Personen
1 Hähnchen
4 EL Olivenöl
4 Knoblauchzehen
1 frische rote Chilischote
1 Bund glatte Petersilie
1/8 l trockener Weißwein
Kräutersalz
Pfeffer aus der Mühle

1 Hähnchen kalt abspülen und trocken tupfen. In etwa 8 Stücke teilen und enthäuten.
2 Öl in einer Pfanne erhitzen. Hähnchen goldbraun anbraten.
3 Knoblauch abziehen, in Scheiben schneiden. Chili längs aufschneiden, Kerne entfernen.
4 Hähnchen aus der Pfanne nehmen. Knoblauch und Chilischote im Bratfett kurz andünsten. Hähnchen in die Pfanne geben. Bei schwacher Hitze 5–10 Minuten schmoren.
5 Petersilie waschen, fein hacken und zum Hähnchen geben. Wein angießen, salzen und pfeffern. Bei schwacher Hitze weitere 20–30 Minuten schmoren, dabei die Pfanne fast zudecken.

Zubereitungszeit 1 Stunde
Pro Portion 2654 kJ • 632 kcal 60 g Eiweiß • 41 g Fett • 2 g Kohlenhydrate • 4,82 mg Vitamin C • 30 ng Vitamin D • 1,74 mg Vitamin E • 48,6 mg Kalzium

Putenrouladen

Zutaten
Für 4 Personen
4–5 EL Sojasauce
1 EL flüssiger Honig
4 dünne Scheiben Putenbrust
1 Stange Lauch
4 EL Sojasprossen
3 EL Sojaöl
2 Knoblauchzehen
60 g gehackte ungesalzene Erdnusskerne
Pfeffer aus der Mühle
2 TL Speisestärke
$^1/_4$ l Gemüsebrühe (Instant)

1 3 EL Sojasauce mit dem Honig verrühren. Puten waschen, trocken tupfen und auf einer Seite mit Marinade bestreichen.
2 Lauch putzen, waschen und in Ringe schneiden. Sprossen abspülen und abtropfen lassen. 1 EL Sojaöl in der Pfanne erhitzen, Knoblauch dazupressen und beides kurz anbraten. Nüsse und Sprossen zugeben. Alles mit Sojasauce und Pfeffer abschmecken.
3 Auf jede Fleischscheibe etwas Gemüse geben. Fleisch zusammenrollen, mit Zahnstochern fixieren und mit Speisestärke bestäuben.
4 Rouladen im Öl rundherum anbraten. Mit $^1/_4$ l Brühe aufgießen und 50 Minuten schmoren lassen. Übrige Gemüsemischung nochmals kurz erhitzen, Rouladen darauf anrichten.

Zubereitungszeit 1 Stunde und 20 Minuten
Pro Portion 1386 kJ • 330 kcal • 19 g Fett • 9 g Kohlenhydrate • 31 g Eiweiß • 9,95 mg Vitamin C • 85 ng Vitamin D • 4,38 mg Vitamin E • 57,9 mg Kalzium

Hackfleischspieße

Zutaten
Für 4 Personen
500 g Rinderhackfleisch
2 Zwiebeln
2 Knoblauchzehen
1 TL Sumak
Salz
1 kleines Ei
Pfeffer aus der Mühle
$^1/_2$ TL gemahlener Kreuzkümmel
$^1/_2$ TL Koriander
$^1/_4$ TL Zimtpulver
1 Prise Cayennepfeffer
2 EL Paniermehl
Olivenöl zum Einpinseln
4 Holz- oder Metallspieße

1 Fleisch in eine Schüssel geben. Eine Zwiebel und Knoblauch abziehen, fein hacken und untermengen. Masse zweimal durch den Fleischwolf drehen.
2 Restliche Zwiebel abziehen, in dünne Scheiben schneiden. Mit Sumak und 1 Prise Salz vermengen, zugedeckt kalt stellen.
3 Fleisch mit Ei, Salz, Gewürzen und Semmelbrösel zu Teig kneten, zu 4 Rollen formen und auf einen Spieß stecken.
4 Spieße mit Öl einstreichen und unter Wenden von jeder Seite 7–8 Minuten grillen. Mit den Zwiebelringen garnieren und heiß servieren.

Zubereitungszeit 40 Minuten
Pro Portion 1382 kJ • 329 kcal • 28 g Eiweiß • 22 g Fett • 7 g Kohlenhydrate • 2,77 mg Vitamin C • 0,44 μg Vitamin D • 1,15 mg Vitamin E • 35,6 mg Kalzium

Kalbsmedaillons in Orangensauce

Zutaten

Für 4 Personen

- 8 Kalbsmedaillons
- Weißer Pfeffer aus der Mühle
- 1 - 2 TL gemahlener Koriander
- 3 EL Rapsöl
- Salz
- 1 unbehandelte Orange
- 20 g Butter
- 1 TL Zucker
- 200 ml frisch gepresster Orangensaft
- 1 Stück frischer Ingwer
- 1 kleine Blutorange
- 1/2 rosa Grapefruit
- 2 EL Pinienkerne

1 Die Kalbsmedaillons abspülen, trocken tupfen und mit den Handballen klopfen. Medaillons einzeln mit Küchengarn umbinden. Mit Pfeffer und Koriander würzen.

2 Medaillons im Öl beidseitig bei mittlerer Hitze je 3 Minuten braten. Wenig salzen, aus der Pfanne nehmen, warm stellen.

3 Die Schale der Orange hauchdünn abschälen, in sehr feine Streifen schneiden.

4 Butter in einem kleinen Topf schmelzen, Zucker zugeben, leicht karamellisieren lassen. Orangensaft nach und nach dazurühren, Orangenstreifen einstreuen. Sauce unter Rühren einkochen. Ingwer schälen, fein reiben und zur Sauce geben

5 Orange und Grapefruit schälen. Die weiße Haut abziehen und filetieren.

6 Je zwei Medaillons und einige Fruchtfilets auf vorgewärmten Tellern anrichten (das Garn entfernen). Mit Pinienkernen bestreuen und die Orangensauce dazu reichen.

Zubereitungszeit 45 Minuten

Pro Portion 1625 kJ • 387 kcal • 35 g Eiweiß • 21 g Fett • 13 g Kohlenhydrate • 44,7 mg Vitamin C • 62 ng Vitamin D • 3,52 mg Vitamin E • 73 mg Kalzium

Vegetarische Gerichte

Im Bioladen, auf Wochenmärkten und bei ausländischen Gemüsehändlern haben Sie beste Auswahl an Gemüse und exotischen Zutaten für fantasievolle, abwechslungsreiche Speisen.

Kartoffelgnocchi

1 Kartoffeln waschen und in etwa 25 Minuten mit Wasser bedeckt weich garen. Abgießen, etwas auskühlen lassen, schälen und noch heiß durch die Presse drücken.
2 Kartoffeln mit Mehl, Eigelb, etwas Salz und Pfeffer zu einem Teig verkneten. Abgedeckt 30 Minuten ruhen lassen.
3 Zwiebel abziehen und fein hacken. Öl in einem Topf erhitzen, Zwiebel darin glasig braten. Salbeiblätter waschen, trocken tupfen und in Stücke teilen. Zur Zwiebel geben und kurz mitbraten. Mit Milch ablöschen und Sauce auf die Hälfte einkochen lassen. Creme fraîche unterziehen, salzen und pfeffern und warm stellen.
4 Kartoffelteig in sechs Stücke teilen. Jeweils auf bemehlter Arbeitsfläche zu einer 1,5 cm dicken Rolle formen. Rollen in 2 cm dicke Stücke teilen und die Oberfläche mit einem Gabelrücken etwas eindrücken.
5 In einem großen Topf reichlich Salzwasser bis kurz vor dem Siedepunkt erhitzen. Gnocchi (in zwei Portionen) einlegen und 3–4 Minuten garen. Sie sind fertig, wenn sie an die Oberfläche steigen. Auf einem Schaumlöffel abtropfen.
6 Gnocchi mit der Sauce auf vorgewärmten Tellern anrichten und mit Käse bestreuen. Dazu passt ein bunter Salatteller.

Zubereitungszeit 1 Stunde 15 Minuten
Ruhezeit 30 Minuten
Pro Portion 2482 kJ • 591 kcal • 22 g Eiweiß • 18 g Fett • 83 g Kohlenhydrate • 35,2 mg Vitamin C • 814 ng Vitamin D • 1,84 mg Vitamin E • 319 mg Kalzium

Zutaten
Für 4 Personen

1 kg mehlig kochende Kartoffeln
300 g Mehl (Type 1050)
2 kleine Eigelb
Salz
Pfeffer aus der Mühle
1 Zwiebel
1 EL Olivenöl
Frischer Salbei
100 ml Milch (1,5 %)
125 g Creme fraîche
Weißer Pfeffer
60 g geriebener Käse
Mehl für die Arbeitsfläche

Kartoffel-Rösti

Zutaten

Für 4 Personen

4 mittelgroße Kartoffeln
1 große Möhre
1 Zucchini
2 Zwiebeln
2 kleine Petersilienwurzeln
1 kleine Pastinake
2 TL frischer Thymian
Pfeffer aus der Mühle
Kräutersalz
Olivenöl zum Braten

1 Kartoffeln und Gemüse waschen, Kartoffeln und Wurzelgemüse schälen, Zwiebel abziehen, Zucchini putzen. Alles auf der Rohkostreibe grob raspeln. Mit Thymian, Pfeffer und Kräutersalz abschmecken.

2 Olivenöl in einer Pfanne erhitzen. Aus der Kartoffel-Gemüse-Masse flache dünne mittelgroße Rösti formen und beidseitig goldbraun und knusprig braten. Mit einer Gemüsebeilage und frischem Salat servieren.

Tipp Für einen Orangen-Schikoree-Salat brauchen Sie 2 bis 3 klein geschnittene Schikoreestauden, 2 geraspelte Möhren und das filetierte Fruchtfleisch von 4 Blutorangen. Alle Zutaten mit einem Dressing aus 6 EL Jogurt, 2 EL Öl, etwas Honig, einer Prise Cayennepfeffer, Salz und etwas Orangensaft vermischen.

Zubereitungszeit 35 Minuten
Pro Portion 483 kJ • 115 kcal • 2 g Fett • 20 g Kohlenhydrate • 4 g Eiweiß • 35,8 mg Vitamin C • 0 g Vitamin D • 906 µg Vitamin E • Kalzium 57,5 mg

Tomatenpasta mit Rucola

Zutaten
Für 4 Personen
100 g Rucola
1 kg reife Tomaten
2 Zwiebeln
2 Knoblauchzehen
1 Handvoll schwarze Oliven
2 EL Olivenöl
2 TL Balsamico-Essig
100 ml trockener Rotwein
Salz
Pfeffer aus der Mühle
400 g Vollkorn-Penne
Geriebener Käse

1 Rucola waschen, Blätter in 1 cm breite Streifen schneiden. Tomaten überbrühen, häuten und würfeln.
2 Zwiebeln und Knoblauch abziehen und klein würfeln. Halbe Menge Oliven entsteinen und in Streifen schneiden.
3 Öl in einer Pfanne erhitzen, Zwiebeln glasig braten. Knoblauch, Tomaten und Olivenstreifen zugeben und anbraten. Mit Essig und Wein ablöschen, mit Salz und Pfeffer würzen. Zugedeckt 30 Minuten köcheln lassen. Am Ende der Garzeit Rucola unterrühren.
4 In einem Topf reichlich Salzwasser aufkochen. Penne nach Packungsangabe bissfest garen, abgießen und abtropfen lassen.
6 Penne mit der Sauce vermengen und in Tellern anrichten. Mit restlichen Oliven garnieren. Geriebenen Käse dazu reichen.

Zubereitungszeit 1 Stunde 5 Minuten
Pro Portion 2121 kJ • 505 kcal • 18 g Eiweiß • 11 g Fett • 79 g Kohlenhydrate • 68,8 mg Vitamin C • 52,5 ng Vitamin D • 3,54 mg Vitamin E • 181 mg Kalzium

Spagetti mit Pistazien-Pesto

Zutaten
Für 4 Personen
1 großer Bund Basilikum
4 Knoblauchzehen
50 g geröstete gesalzene Pistazienkerne
Salz
100 ml Olivenöl
50 g Parmesan
450 g Vollkorn-Spagetti
1 EL Olivenöl
Geriebener Käse zum Bestreuen

1 Basilikum grob zerkleinern. Knoblauch abziehen und fein würfeln. Pistazien grob hacken, Parmesan reiben. Mit etwas Salz zu einer Paste verreiben.
2 Paste in eine Schüssel geben und mit Öl und Parmesan zu cremiger Konsistenz verrühren.
3 Spagetti nach Packungsangabe in Salzwasser mit 1 EL Olivenöl bissfest kochen. In ein Sieb abgießen.
4 Spagetti in einer Schüssel mit dem Pesto vermengen, auf Teller verteilen und mit geriebenem Käse servieren.

Zubereitungszeit 25 Minuten
Pro Portion 1537 kJ • 366 kcal • 8 g Eiweiß • 35 g Fett • 7 g Kohlenhydrate • 2,49 mg Vitamin C • 57,7 ng Vitamin D • 3,67 mg Vitamin E • 201 mg Kalzium

Penne mit Salbei-Sugo

Zutaten
Für 4 Personen
1 kleiner Bund frischer Salbei
500 g Vollkorn-Penne
Salz
3 EL Olivenöl
150 ml Gemüsebrühe (Instant)
50 ml trockener Weißwein
100 g geriebener Käse
100 ml Sahne
Pfeffer aus der Mühle
Geriebener Käse

1 Salbeiblättchen (etwa 20 Stück) abzupfen, waschen, trocken tupfen und in schmale Streifen schneiden.

2 Penne nach Packungsangabe in Salzwasser bissfest kochen.

3 Öl in einer Pfanne erhitzen, Salbei kurz darin anbraten. Mit Gemüsebrühe und Weißwein ablöschen und bei schwacher Hitze 5 Minuten köcheln lassen.

4 Penne abgießen und abtropfen lassen. Pecorino mit Sahne verrühren, unter die Salbeisauce rühren, mit Salz und Pfeffer abschmecken.

5 Penne auf vier tiefe Teller verteilen und locker mit der Sauce vermengen. Mit Käse bestreut servieren.

Zubereitungszeit 25 Minuten
Pro Portion 3280 kJ • 781 kcal • 29 g Eiweiß • 32 g Fett • 91 g Kohlenhydrate • 22,2 mg Vitamin C • 0,88 µg Vitamin D • 2,64 mg Vitamin E • 492 mg Kalzium

Gratinierte Polenta

Zutaten
Für 4 Personen
400 ml Gemüsebrühe (Instant)
100 ml Milch (1,5 %)
160 g Maisgrieß
20 g Butter oder Margarine
6 EL geriebener Käse
Salz
Geriebene Muskatnuss
Fett für die Form
1 kleiner Zucchini
2 Zweiglein frischer Rosmarin
4 EL steif geschlagene Sahne
Fett für die Form

1 Gemüsebrühe und Milch in einem Topf aufkochen, unter Rühren Maisgrieß einrühren. Bei abgeschalteter Hitze zugedeckt ausquellen lassen.

2 Butter oder Margarine und 4 EL Käse unterrühren und mit Salz und Muskat abschmecken. Eine Auflaufform fetten, Polenta einfüllen und glatt streichen.

3 Zucchino waschen und putzen, in Scheiben schneiden. Rosmarin waschen, trocken tupfen, Nadeln fein hacken. Backofen auf 220 °C vorheizen.

4 Polenta mit Rosmarin bestreuen, schuppenartig mit Zucchinischeiben belegen. Sahne darauf streichen und mit restlichem Käse bestreuen. Im Ofen 15 Minuten überbacken.

Zubereitungszeit 25 Minuten
Backzeit 15 Minuten
Pro Portion 1415 kJ • 337 kcal • 16 g Eiweiß • 16 g Fett • 32 g Kohlenhydrate • 10,2 mg Vitamin C • 0,49 µg Vitamin D • 1,73 mg Vitamin E • 457 mg Kalzium

Hirse-Tofu-Kroketten

Zutaten
Für 4 Personen
1 TL Sojaöl
70 g Hirse
150 g Seidentofu
2 EL Sojasauce
50 g gehäutete gehackte Mandeln
50 g Weizenkeime
Salz, Pfeffer
2 EL gehackte Petersilie
100 g Hirseflocken
Sojaöl zum Braten

1 1 TL Öl in einem Topf erhitzen, Hirse darin leicht anrösten. Mit gut 3/8 l kochendem Wasser aufgießen und zugedeckt bei schwacher Hitze in 20 Minuten ausquellen, dann abkühlen lassen.

2 Seidentofu grob zerkleinern. Mit Hirse und Sojasauce im Mixer zu einer Paste verarbeiten. In einer Schüssel mit Mandeln und Weizenkeimen mischen. Kräftig mit Salz und Pfeffer abschmecken und die gehackte Petersilie unterziehen. Abgedeckt in den Kühlschrank stellen (am besten über Nacht).

3 Masse in acht Portionen teilen und zu flachen Bratligen formen, in Hirse wenden. Öl in einer Pfanne erhitzen und Bratlinge darin beidseitig goldbraun braten. Heiß servieren. Dazu passt Tomatensauce, Käse- oder Kräutersauce.

Zubereitungszeit 50 Minuten
Quellzeit 2 Stunden (oder über Nacht)
Pro Portion 1327 kJ • 316 kcal • 13 g Eiweiß • 14 g Fett • 34 g Kohlenhydrate • 5,99 mg Vitamin C • 0 g Vitamin D • 7,35 mg Vitamin E • 98 mg Kalzium

Gemüsecurry

Zutaten
Für 4 Personen
800 g TK-Asiengemüse
8 Frühlingszwiebeln
2 Knoblauchzehen
40 g frischer Ingwer
3 EL Rapsöl
3 TL Curry
1/2 TL Honig
200 ml Gemüsebrühe (Instant)
1 TL Speisestärke
12 EL Jogurt (1,5 %)
8 EL Alfalfa-Sprossen

1 Gemüse nach Packungsangabe bissfest garen, bei Bedarf etwas salzen, abtropfen lassen.

2 Zwiebeln in Ringe schneiden. Knoblauch und Ingwer schälen und hacken. Öl in einer Pfanne erhitzen, Zwiebeln, Knoblauch und Ingwer anbraten. Curry darüber streuen, mit Brühe aufgießen und mit Honig würzen.

3 Gemüse zugeben, etwa 5 Minuten köcheln lassen. Stärke mit wenig Wasser glatt rühren, zugießen und andicken lassen.

4 Jogurt unterrühren und in einen Teller füllen. Mit den Sprossen bestreuen.

Zubereitungszeit 20 Minuten
Pro Portion 1617 kJ • 385 kcal • 8 g Eiweiß • 14 g Fett • 55 g Kohlenhydrate • 133 mg Vitamin C • 69 ng Vitamin D • 4,61 mg Vitamin E • 136 mg Kalzium

Gebackenes Ratatouille

Zutaten

Für 4 Personen

250 g Langkorn-Naturreis
$^1/_2$ l Gemüsebrühe (Instant)
250 g Auberginen
500 g kleine Zucchini
500 g reife Tomaten
1 Gemüsezwiebel
3 Knoblauchzehen
3 Zweiglein Rosmarin
6 Zweiglein Thymian
$^1/_8$ l Olivenöl
1 TL Oregano
Kräutersalz
Pfeffer aus der Mühle
$^1/_2$ Bund Petersilie
1 TL Butter

1 Reis mit Gemüsebrühe aufkochen und bei schwacher Hitze 45 Minuten quellen lassen.

2 Gemüse putzen und waschen. Auberginen und Zucchini der Länge nach in $^1/_2$ cm dicke Scheiben schneiden. Tomaten überbrühen, häuten und in Stücke schneiden. Zwiebel und Knoblauch abziehen, Zwiebel in Ringe schneiden, Knoblauch fein hacken. Kräuter waschen und Blättchen fein hacken. Ofen auf 220 °C vorheizen.

3 Öl (bis auf 2 EL) in einem Schmortopf erhitzen, Auberginen und Zucchini unter Wenden goldbraun braten. Herausnehmen und Zwiebel und Knoblauch glasig dünsten.

4 Eine feuerfeste Form einölen und Gemüse einschichten, mit Kräutern bestreuen und mit Salz und Pfeffer würzen, mit restlichem Öl beträufeln.

5 Ratatouille im Ofen 30 Minuten backen. Petersilie waschen und trocken schütteln. Blättchen fein hacken und mit der Butter und dem Reis mischen. Ratatouille mit Reis anrichten.

Zubereitungszeit 45 Minuten
Backzeit 30 Minuten
Pro Portion 2528 kJ • 602 kcal • 9 g Eiweiß • 38 g Fett • 56 g Kohlenhydrate • 62,5 mg Vitamin C • 181 ng Vitamin D • 6,22 mg Vitamin E • 122 mg Kalzium

Leichte Abendessen

Für viele Berufstätige ist das Abendessen die einzige warme Mahlzeit des Tages und leider isst man dann oft zuviel oder zu schwer. Auf unsere leichten, feinen Rezepte können Sie sich den ganzen Tag freuen, und nach dem Essen sind Sie wieder fit.

Gefüllte Zucchini

Zutaten

Für 4 Personen

6 mittelgroße Zucchini
2 Zwiebeln
2 1/2 EL Olivenöl
1 EL Mehl
1 cl trockener Sherry
200 ml Gemüsebrühe (Instant)
Kräutersalz
Pfeffer aus der Mühle
125 g Rinderhackfleisch
75 g mit Paprika gefüllte Oliven
1 EL Pinienkerne
50 g Rosinen
40 g gemahlene Mandeln

1 Zucchini waschen, putzen und je in der Mitte durchschneiden. Zucchinihälften für die Füllung etwas aushöhlen.

2 1 Zwiebel häuten und fein würfeln. Auf dem Boden einer großen Pfanne 2 EL Olivenöl verteilen, erhitzen und die Zwiebel darin glasig braten. Mehl mit einem Sieb darüber stäuben und anschwitzen. Mit Sherry ablöschen und Brühe zugießen. Unter Rühren zum Kochen bringen, bei schwacher Hitze 5 Minuten köcheln lassen. Mit Salz und Pfeffer würzen. Backofen auf 110 °C vorheizen.

3 Restliche Zwiebel abziehen und fein würfeln, in einer zweiten Pfanne in restlichem Olivenöl glasig braten, Hackfleisch zugeben und anbraten. Oliven klein würfeln. Mit Pinienkernen und Rosinen unter das Hackfleisch mengen. Mit Salz und Pfeffer abschmecken und Masse in die Zucchini füllen.

4 Zucchini in Mehl wenden und in einer Pfanne in heißem Olivenöl rundum braun braten. Nebeneinander in eine feuerfeste Form geben, Sauce darüber verteilen und mit Mandeln bestreuen.

5 Im vorgeheizten Ofen etwa 20 Minuten garen.

6 Zucchini mit Sauce auf vier Tellern anrichten. Dazu passt fruchtiger Tomatenreis oder einfach Vollkorn-Baguette.

Zubereitungszeit 50 Minuten
Backzeit 20 Minuten
Pro Portion 1234 kJ • 294 kcal • 19 g Fett • 16 g Kohlenhydrate • 13 g Eiweiß • 26 mg Vitamin C • 60 ng Vitamin D • 5,02 mg Vitamin E • 107 mg Kalzium

Bohnensalat mit Roggensprossen

Zutaten
Für 4 Personen

500 g grüne Bohnen
5 EL Olivenöl
2 EL Weinessig
1 EL mittelscharfer Senf
1 Knoblauchzehe
1 Zwiebel
Kräutersalz
Pfeffer aus der Mühle
4 gekochte Kartoffeln
1 Kopf Radicchio
2 Sardellenfilets
100 g Schafskäse
6 EL Roggensprossen
1/2 Bund Petersilie

1 Bohnen putzen, waschen und in kochendem Wasser in 20–30 Minuten weich kochen, abgießen und abtropfen lassen.

2 Öl mit Essig und Senf verrühren. Knoblauch und Zwiebel abziehen. Knoblauch durch die Presse drücken, Zwiebel fein hacken, beides mit Salz und Pfeffer zur Marinade geben.

3 Bohnen in mundgerechte Stücke schneiden. Kartoffeln pellen und in Scheiben schneiden. Radicchioblätter waschen und zerteilen. Sardellen fein hacken, Feta zerbröckeln. Alles mit den Sprossen in einer Schüssel locker mischen, Marinade darüber gießen und untermengen. Salat abgedeckt 30 Minuten ziehen lassen.

4 Petersilie waschen, trocken tupfen und Blättchen fein hacken, Salat damit bestreuen.

Zubereitungszeit 50 Minuten
Marinierzeit 30 Minuten
Pro Portion 1382 kJ • 329 kcal • 20 g Eiweiß • 22 g Fett • 14 g Kohlenhydrate • 43 mg Vitamin C • 10,1 µg Vitamin D • 2,63 mg Vitamin E • 257 mg Kalzium

Überbackene Auberginen

Zutaten
Für 4 Personen
4 kleine Auberginen
Mehl
Olivenöl
750 g reife Tomaten
1 große Knoblauchzehe
1 TL Honig
Salz
Pfeffer aus der Mühle
1 kleiner Bund Basilikum
150 g Mozzarella

1 Auberginen waschen, putzen, längs in 1 cm dicke Scheiben schneiden. Scheiben in Mehl wenden. Öl in einer Pfanne erhitzen, Scheiben unter Wenden leicht anbräunen, warm stellen.
2 Tomaten waschen und würfeln. Knoblauch abziehen, fein hacken und mit den Tomaten in die Pfanne geben. Bei mittlerer Hitze 10 Minuten unter Rühren köcheln lassen. Mit Honig, Salz und Pfeffer abschmecken. Ofen auf 180 °C Oberhitze vorheizen.
3 Basilikum waschen, Blätter in Streifen schneiden und in die Sauce rühren.
4 Auflaufform einölen, Boden mit Tomatensauce bedecken, darüber Auberginenscheiben und restliche Tomatensauce schichten. Mozzarella würfeln darauf verteilen. Im Ofen überbacken, bis der Käse zerlaufen ist. Sofort servieren.

Zubereitungszeit 45 Minuten
Gratinierzeit 10 Minuten
Pro Portion 714 kJ • 170 kcal • 10 g Eiweiß • 11 g Fett • 8 g Kohlenhydrate • 32,5 mg Vitamin C • 0,15 µg Vitamin D • 1,56 mg Vitamin E • 185 mg Kalzium

Kichererbsen in Tomatensauce

Zutaten
Für 4 Personen
4–5 EL Olivenöl
1 TL Fenchelsamen
300 g Tomaten
250 g gekochte Kichererbsen
150 g süß-sauer Eingelegter Kürbis
Kräutersalz
Weißer Pfeffer
1 Msp. Cayennepfeffer
1 Prise gemahlener Zimt
1 TL Honig
1/2 Bund Petersilie

1 Öl in einem Topf erhitzen, Fenchelsamen darin bei schwacher Hitze unter Rühren anbraten. Tomaten überbrühen, häuten und vierteln. In den Topf geben. Abgetropfte Kichererbsen zugeben und alles 5 Minuten offen köcheln lassen.
2 Kürbis abtropfen lassen und zugeben. Mit Salz, Pfeffer, Cayennepfeffer, Zimt und Honig abschmecken. Etwa 5 Minuten köcheln lassen, bis eine dickliche Konsistenz entsteht.
3 Petersilie waschen, Blättchen fein hacken. Unter das Gemüse mengen, warm servieren.

Zubereitungszeit 35 Minuten
Pro Portion 895 kJ • 213 kcal • 14 g Fett • 16 g Kohlenhydrate • 6 g Eiweiß • 27,1 mg Vitamin C • 4,36 mg Vitamin E • 71,9 mg Kalzium

Zutaten

Für 4 Personen

- 100 g Langkorn-Naturreis
- $\frac{1}{4}$ l Hühnerbrühe
- 50 g Feldsalat
- 1 Bund Rucola
- 1 Handvoll Löwenzahnblätter
- 5 Radieschen
- 1 Möhre
- 1 reife Mango
- 2 Frühlingszwiebeln
- 1 $\frac{1}{2}$ Tassen Alfalfa-Sprossen
- 4 EL Walnussöl
- 2 EL Rapsöl
- 3 EL Himbeeressig
- Kräutersalz
- Weißer Pfeffer
- 1 Msp. scharfer Senf
- 1 EL geröstete Sonnenblumenkerne

Bunter Reissalat

1 Reis in Hühnerbrühe aufkochen, dann bei schwacher Hitze zugedeckt nach Packungsangabe ausquellen lassen.

2 Feldsalat, Rucola und Löwenzahn waschen und Blätter grob zerkleinern. Radieschen putzen, waschen und in Scheiben schneiden. Möhre schälen und in Stifte schneiden. Mango schälen, Fruchtfleisch in Spalten vom Kern schneiden und würfeln. Frühlingszwiebeln waschen und in Ringe schneiden. Sprossen abspülen und abtropfen lassen.

3 Vorbereitete Zutaten mit abgekühltem Reis in einer Schüssel mischen.

4 Für die Marinade beide Öle, Essig, Salz, Pfeffer und Senf verrühren. Vorsichtig unter den Salat mengen. Mit Sonnenblumenkernen bestreuen und servieren.

Zubereitungszeit 1 Stunde

Pro Portion 1461 kJ • 348 kcal • 25 g Fett • 22 g Kohlenhydrate • 9 g Eiweiß • 13,5 mg Vitamin C • 4,31 mg Vitamin E • 59,5 mg Kalzium

Gebratene Austernpilze

Zutaten
Für 4 Personen

500 g Austernpilze
2 Knoblauchzehen
1/2 Bund Petersilie
2–3 EL Olivenöl
Salz
Pfeffer aus der Mühle
Saft von 1/2 Zitrone

1 Pilze voneinander trennen, putzen, kalt abspülen und trocken tupfen. Große Pilze längs in Streifen teilen.

2 Knoblauch abziehen und in hauchdünne Scheiben schneiden. Petersilie waschen, trocken schütteln und Blättchen fein hacken.

3 Öl in einer Pfanne erhitzen, Pilze darin zugedeckt 2 Minuten braten, wenden und bei offener Pfanne 3–5 Minuten unter Wenden braten. Es soll die gesamte Flüssigkeit verdampfen. Mit Salz und Pfeffer würzen und auf Tellern anrichten.

4 Knoblauch mit Zitronensaft in die Pfanne geben, 1 Minute dünsten und die Mischung über die Pilze geben. Mit Petersilie bestreut servieren

Zubereitungszeit 30 Minuten
Pro Portion 1743 kJ • 415 kcal • 12 g Eiweiß • 37 g Fett • 9 g Kohlenhydrate • 43,7 mg Vitamin C • 7,75 µg Vitamin D • 5,27 mg Vitamin E • 76,3 mg Kalzium

Bruschetta

Zutaten
Für 4 Personen

8 reife Tomaten
4 Knoblauchzehen
8 Scheiben Bauernbrot
4 EL Olivenöl
Salz
Pfeffer aus der Mühle
Basilikum zum Garnieren

1 Backofengrill vorheizen. Tomaten überbrühen, häuten, vom Stielansatz befreien und würfeln. Tomaten aus der Dose gut abtropfen lassen und mit einer Gabel zerdrücken.

2 Knoblauch abziehen, durch die Presse drücken und mit dem Olivenöl in einer kleinen Schüssel verrühren.

3 Brote im Ofen unter dem Grill beidseitig goldbraun rösten. Herausnehmen, mit Knoblauchöl bestreichen und Tomaten darauf verteilen. Salzen, pfeffern und mit Basilikum garnieren. Sofort servieren.

Tipp Zur Abwechslung einige schwarze Oliven und Mozzarellawürfel zusätzlich auf den Broten verteilen.

Zubereitungszeit 30 Minuten
Pro Portion 1277 kJ • 304 kcal • 7 g Eiweiß • 13 g Fett • 39 g Kohlenhydrate • 3,59 mg Vitamin E • 37,7 mg Vitamin C • 41,9 mg Kalzium

Risotto mit Artischocken

Zutaten
Für 4 Personen
8 kleine frische Artischocken
Saft von 2 Zitronen
1 Zwiebel
4 EL Olivenöl
320 g Reis (parboiled)
100 ml trockener Weißwein
700 ml heiße Gemüsebrühe (Instant)
30 ml Sahne
Kräutersalz
Weißer Pfeffer
Etwas Muskatnuss
Frisch geriebener Käse

1 Artischocken waschen, äußere Blätter entfernen. Blätter und Stiele kürzen. Böden und Stiele dünn schälen. Artischocken achteln, vom Heu befreien. Wasser mit Zitronensaft vermischen, Artischocken einlegen.
2 Zwiebel abziehen und fein hacken. In einem Topf mit Öl glasig dünsten. Abgetropfte Artischocken zugeben und 3 Minuten mitbraten. Reis einstreuen und glasig braten.
3 Wein aufgießen und etwas einkochen lassen. Nach und nach Brühe unterrühren. Reis zugedeckt etwa 20 Minuten garen, dabei öfters umrühren.
4 Sahne unterrühren, Risotto ziehen lassen, mit Salz, Pfeffer und Muskat abschmecken. 2 EL geriebenen Käse unterrühren. Mit Käse servieren.

Zubereitungszeit 1 Stunde
Pro Portion 1256 kJ • 299 kcal • 7 g Eiweiß • 13 g Fett • 38 g Kohlenhydrate • 29,7 mg Vitamin C • 0 g Vitamin D • 3,33 mg Vitamin E • 39,9 mg Kalzium

Sardinen mit Tomate

Zutaten
Für 4 Personen
20 frische Sardinen
3–4 Knoblauchzehen
Schale von 1 unbehandelten Orange
Etwas abgeriebene, unbehandelte Zitronenschale
4 große Tomaten
Olivenöl zum Braten
4 cl trockener Sherry
Kräutersalz
Pfeffer aus der Mühle
1 Bund Basilikum

1 Sardinen unter fließendem Wasser ausnehmen. Kopf und Schwanzflossen entfernen. Sardinen filetieren und die Filets quer halbieren.
2 Knoblauch im Mörser mit den Zitrusschalen zerstoßen. Tomaten überbrühen, ohne Haut klein würfeln.
3 In einer beschichteten Pfanne Olivenöl erhitzen, Sardinen darin beidseitig kurz braten, herausnehmen und warm stellen. Knoblauchmischung in die Pfanne geben, kurz anbraten und mit Sherry ablöschen. Tomaten einrühren und alles zugedeckt 10 Minuten schmoren. Salzen, pfeffern, mit dem klein geschnittenen Basilikum mischen und zum Fisch servieren.

Zubereitungszeit 1 Stunde
Pro Portion 802 kJ • 191 kcal • 21 g Protein • 7 g Fett • 7 g Kohlenhydrate • 33,2 mg Vitamin C • 8 µg Vitamin D • 1,44 mg Vitamin E • 125 mg Kalzium

Gerichte für die kleine Pause

Pausen sind wichtig, um neue Kraft zu tanken. Wenn Sie sich dabei einen leichten, aber vitalstoffreichen Snack gönnen – und frisches Wasser trinken – sind die kostbaren Minuten gut genutzt.

Lachs-Bagel

1 Bagels mit einem Messer in drei Lagen aufschneiden. Untere und obere Seite der mittleren Lage mit Margarine und mit viel Frischkäse bestreichen.
2 Lachsscheiben auf Bagelgröße zurechtschneiden, auf den Frischkäse legen. Dill waschen, trocken tupfen und auf dem Lachs verteilen. Mit Zitrone beträufeln und mit Pfeffer würzen.
3 Lagen zusammensetzen und Bagels mit Kapern und Cornichons anrichten.

Zubereitungszeit 15 Minuten
Pro Portion 1071 kJ • 255 kcal • 16 g Eiweiß • 10 g Fett • 26 g Kohlenhydrate • 2,64 mg Vitamin C • 7,32 µg Vitamin D • 1,97 mg Vitamin E • 90,3 mg Kalzium

Zutaten
Für 4 Personen
4 Sesambagel
Pflanzenmargarine zum Bestreichen
8 EL Frischkäse (light)
160 g Räucherlachs, in dünnen Scheiben
1 kleiner Bund Dill
Zitronensaft
Pfeffer aus der Mühle
Kapern und Cornichons

Avocado-Bagel

1 Bagels waagerecht je in zwei Hälften schneiden. Die Schnittflächen dünn mit Fett bestreichen.
2 Avocados schälen und in Scheiben schneiden. Untere Bagelhälften damit belegen, mit Zitronensaft beträufeln. Camembert in Scheiben schneiden und auf die Avocado legen, salzen und pfeffern.
3 Obere Bagelhälften daraufsetzen und mit Petersilienblättchen garniert anrichten.

Zubereitungszeit 20 Minuten
Pro Portion 579 kJ • 376 kcal • 15 g Eiweiß • 23 g Fett • 27 g Kohlenhydrate • 14,2 mg Vitamin C • 141 ng Vitamin D • 1,81 mg Vitamin E • 274 mg Kalzium

Zutaten
Für 4 Personen
4 Zwiebelbagel
Kräuterbutter oder Pflanzenmargarine mit Kräutern
2 reife Avocados
2 EL Zitronensaft
160 g Camembert (45 %)
Kräutersalz
Pfeffer aus der Mühle
Petersilie zum Garnieren

Frischkäsebällchen

Zutaten
Für 4 Personen

400 g Ziegenfrischkäse
1 TL Limettensaft
120 g Schafskäse
2 Knoblauchzehen
Salz
½ TL Pfeffer
1 Msp. Paprikaflocken
1 Msp. gemahlener Kreuzkümmel
1 TL edelsüßes Paprikapulver
1 Prise Piment
400 ml Olivenöl
Je 2 Zweiglein Thymian und Rosmarin
2 kleine Lorbeerblätter
½ TL Pfefferkörner
2 Streifen Zitronenschale
½ getrocknete rote Chilischote

1 Frischkäse in einer Schüssel mit Limettensaft cremig rühren. Feta mit einer Gabel zerdrücken und unterrühren. Knoblauch abziehen und dazupressen.

2 Mit 1 TL Salz und gemahlenen Gewürzen würzen und alles gründlich vermengen. Zugedeckt 1 Stunde kühl stellen.

3 Öl in ein Einmachglas füllen. Thymian und Rosmarin waschen, trocken tupfen, mit restlichen Gewürzen zum Öl geben.

4 Mit zwei Teelöffeln aus der Käsemasse Portionen abstechen und mit geölten Händen zu Bällchen formen, in das Würzöl legen.

5 Glas verschließen und 2 Tage kühl stellen. Bällchen vor dem Servieren abtropfen lassen.

Zubereitungszeit 30 Minuten
Marinierzeit 1 Stunde + 2 Tage
Pro Portion 5208 kJ • 1240 kcal • 19 g Eiweiß • 129 g Fett • 5 g Kohlenhydrate • 893 µg Vitamin C • 424 ng Vitamin D • 12,9 mg Vitamin E • 244 mg Kalzium

Kichererbsensalat

Zutaten
Für 4 Personen

500 g Kichererbsen
8 Frühlingszwiebeln
4 Tomaten
1 rote Paprikaschote
Frische Minze
½ Bund Petersilie
200 g Schafskäse
6 EL Zitronensaft
4 EL Olivenöl
½ TL gemahlener Kreuzkümmel
½ TL edelsüßes Paprikapulver
Kräutersalz
Pfeffer aus der Mühle

1 Kichererbsen abtropfen lassen. Frühlingszwiebeln waschen, putzen und in Ringe schneiden. Tomaten waschen, vom grünen Stielansatz befreien und würfeln. Paprika putzen, waschen und würfeln.

2 Die Kräuter waschen, trocken tupfen und die Blättchen fein hacken. Feta gegebenenfalls abtropfen lassen und würfeln.

3 Zitronensaft mit Olivenöl und Gewürzen verrühren. Vorbereitete Zutaten in einer Schüssel mit der Marinade vermischen.

4 Den Salat abgedeckt 1 Stunde gut durchziehen lassen. Nach Wunsch mit frisch aufgebackenem türkischem Fladenbrot servieren.

Zubereitungszeit 20 Minuten
Marinierzeit 1 Stunde
Pro Portion 1818 kJ • 433 kcal • 19 g Eiweiß • 25 g Fett • 31 g Kohlenhydrate • 88,1 mg Vitamin C • 0,19 µg Vitamin D • 7,11 mg Vitamin E • 335 mg Kalzium

Mozzarella mit Tomaten

Zutaten

Für 4 Personen

1 Bund Basilikum
4 Fleischtomaten
320 g Büffelmozzarella
Salz
Pfeffer aus der Mühle
6 EL Kürbiskernöl
Etwas Balsamico-Essig
Oliven zum Garnieren
Ciabatta-Brot

1 Basilikum waschen, trocken tupfen und Blättchen abzupfen. Tomaten waschen, vom Stielansatz befreien, halbieren und in Scheiben schneiden. Büffelmozzarella in dünne Scheiben schneiden.

2 Tomaten- und Mozzarellascheiben dachziegelartig auf Tellern anrichten. Salzen, mit Pfeffer übermahlen, mit Kürbiskernöl beträufeln und mit ein paar Spritzern Balsamico-Essig beträufeln.

3 Mit Basilikumblättchen und Oliven garnieren und mit frischem Ciabatta-Brot servieren.

Zubereitungszeit 15 Minuten

Pro Portion 2339 kJ • 557 kcal • 22 g Eiweiß • 35 g Fett • 39 g Kohlenhydrate • 24 mg Vitamin C • 0,32 µg Vitamin D • 2,24 mg Vitamin E • 354 mg Kalzium

Exotischer Hähnchensalat

Zutaten

Für 4 Personen

500 g Hähnchenbrustfilet
6 EL Rapsöl
Salz
Weißer Pfeffer
1/2 Ananas
Saft von 1 1/2 Limetten
1 EL geröstetes Sesamöl (Asienladen)
1/2 TL Curry
2 EL Mandelblättchen
Korianderblättchen

1 Hähnchenbrustfilet waschen, trocken tupfen und in schmale Streifen schneiden. In 2 EL Rapsöl rundherum kräftig anbraten, salzen und pfeffern und abkühlen lassen.

2 Ananas schälen, vom Strunk befreien und Fruchtfleisch in kleine Würfel schneiden. Limettensaft mit 4 EL Rapsöl, Sesamöl, Curry, Salz und Pfeffer zu einer Marinade rühren. Mandelblättchen in einer Pfanne ohne Fett goldgelb rösten.

3 In einer Schüssel Hähnchenstreifen und Ananaswürfel mit der Marinade mischen, Mandelblättchen unterheben. Mit Korianderblättchen bestreuen.

Tipp Etwas Schnelles und Exotisches mit Lachs: Einfach 2 Avocados halbieren, in Streifen schneiden und mit Lachsfiletstreifen auf Tellern anrichten. Dazu eine Sauce aus 250 g Jogurt, 1/2 TL Kräutersenf, 2 TL Walnussöl und 3 EL Kräutern.

Zubereitungszeit 25 Minuten

Pro Portion 1604 kJ • 382 kcal • 31 g Eiweiß • 25 g Fett • 9 g Kohlenhydrate • 13,1 mg Vitamin C • 0 g Vitamin D • 5,91 mg Vitamin E • 42,3 mg Kalzium

Tzatziki

Zutaten
Für 4 Personen
1 Salatgurke
2–3 Knoblauchzehen
500 g Schafsjogurt
240 g Magerquark
2 EL Olivenöl
Salz
Pfeffer aus der Mühle
100 g schwarze Oliven
Frischer Dill
Vollkorn-Fladenbrot

1 Salatgurke schälen und grob raspeln. Knoblauchzehen abziehen und zur Gurke pressen.
2 Schafsjogurt mit Quark und Olivenöl cremig rühren, mit Salz und Pfeffer abschmecken und mit der Gurke-Knoblauch-Mischung vermengen.
3 Tzatziki mit Oliven und Dillfähnchen garnieren und mit frischem Vollkorn-Fladenbrot anrichten.

Zubereitungszeit 15 Minuten
Pro Portion 2053 kJ • 489 kcal • 17 g Eiweiß • 28 g Fett • 40 g Kohlenhydrate • 5,48 mg Vitamin C • 256 ng Vitamin D • 1,47 mg Vitamin E • 0,26 g Kalzium

Zucchini mit Minzjogurt

Zutaten
Für 4 Personen
4 Stängel frische Minze
2–3 Knoblauchzehen
400 g Jogurt (3,5 %)
Kräutersalz
Pfeffer aus der Mühle
Etwas Zitronensaft
600 g kleine Zucchini
4 gestrichene EL Mehl
8 EL Weißwein
8 EL Olivenöl

1 Minzeblättchen waschen, trocken tupfen und in feine Streifen schneiden. Knoblauchzehen abziehen. Jogurt in einer Schüssel cremig rühren, Knoblauch dazupressen, mit Salz, Pfeffer und wenig Zitronensaft abschmecken, halbe Menge Minze unterrühren. Sauce abdecken und in den Kühlschrank stellen.
2 Zucchini waschen, putzen und in dünne Scheiben schneiden. Mehl mit Weißwein, 4 TL Olivenöl und 1 Prise Salz mit dem Schneebesen zu einem Teig verrühren.
3 Restliches Olivenöl in einer kleinen Pfanne erhitzen. Zucchini im Teig wenden und im heißen Öl unter Wenden goldbraun braten.
4 Zucchini auf einem vorgewärmten Teller anrichten, mit restlicher Minze bestreuen. Jogurtsauce dazu servieren.
Tipp Wählen Sie beim Jogurt immer die ungesüßten Naturprodukte. So sparen Sie Kalorien und versteckten Zucker.

Zubereitungszeit 30 Minuten
Pro Portion 1596 kJ • 380 kcal • 7 g Eiweiß • 28 g Fett • 19 g Kohlenhydrate • 23,1 mg Vitamin C • 60 ng Vitamin D • 3,8 mg Vitamin E • 181 mg Kalzium

Gefüllte Tacos

1 Frühlingszwiebeln waschen, putzen und in schmale Ringe schneiden. Knoblauch abziehen und fein würfeln. Tomaten überbrühen, häuten und klein würfeln. Chilischote entkernen und sehr fein hacken (Vorsicht: Hände nicht an die Augen bringen und nachher gründlich waschen!). Salatblätter waschen und in Streifen schneiden.

2 Öl erhitzen, Zwiebeln, Knoblauch und Chili anbraten, Garnelen und abgetropften Mais zugeben und kurz mitbraten, bis die Garnelen gegart sind. Mit Salz und Pfeffer würzen.

3 Tacoschalen mit Salat und Garnelenmischung füllen, mit Tomatenwürfeln bestreuen und mit saurer Sahne und Petersilie garnieren. Sofort servieren.

Zubereitungszeit 35 Minuten

Pro Portion 887 kJ • 212 kcal • 16 g Eiweiß • 10 g Fett • 14 g Kohlenhydrate • 31,1 mg Vitamin C • 403 ng Vitamin D • 4,48 mg Vitamin E • 98,9 mg Kalzium

Zutaten

Für 4 Personen

- 4 Frühlingszwiebeln
- 2–3 Knoblauchzehen
- 4 Tomaten
- 1 frische rote Chilischote
- 4 große Blätter Eisbergsalat
- 2 EL Maiskeimöl
- 240 g rohe geschälte Garnelen (ohne Darm)
- 4 EL Mais
- Kräutersalz
- Pfeffer aus der Mühle
- 4 Tacoschalen
- 4 EL saure Sahne
- 2 EL gehackte Petersilie

Zuckerschoten mit Forelle

Zutaten
Für 4 Personen
600 g Zuckerschoten
Salz
400 g geräuchertes Forellenfilet
4 EL Weißweinessig
1 TL Dijonsenf
6 EL Rapsöl
Kräutersalz
Pfeffer aus der Mühle
Cayennepfeffer
1 Kästchen Kresse
1 EL Schnittlauchröllchen

1 Zuckerschoten putzen, in kochendem Salzwasser 1 Minute blanchieren, abgießen, eiskalt abschrecken und gut abtropfen lassen.

2 Das Forellenfilet entgräten und in gleichgroße, mundgerechte Stücke teilen.

3 In einer Schüssel Essig mit Senf, Rapsöl, etwas Kräutersalz, Pfeffer und Cayennepfeffer zu einer Marinade verrühren. Zuckerschoten und Forellenfilet dazugeben und locker untermengen.

4 Kresse vom Beet schneiden, abbrausen, mit Schnittlauch über den Salat streuen, kurz untermischen.

5 Den Salat auf Tellern anrichten und nach Wunsch mit Vollkorntoast servieren.

Zubereitungszeit 20 Minuten
Pro Portion 1575 kJ • 375 kcal • 28 g Eiweiß • 22 g Fett • 15 g Kohlenhydrate • 46,1 mg Vitamin C • 20 µg Vitamin D • 6,63 mg Vitamin E • 69,2 mg Kalzium

Tunesischer Tomaten-Brotsalat

Zutaten
Für 4 Personen
Einige Blätter Romanasalat
400 g Fladenbrot
4 kleine Knoblauchzehen
6 EL Olivenöl
2 Bund glatte Petersilie
600 g Tomaten
1 TL Kreuzkümmel
1 TL Koriander
1 TL Pfefferkörner
4 Frühlingszwiebeln
3–4 EL Zitronensaft

1 Salat waschen und in Streifen schneiden. Brot in Würfel schneiden. Knoblauch abziehen und klein würfeln.

2 Halbe Menge Öl in einer Pfanne erhitzen. Knoblauch kurz anbraten, Brotwürfel zugeben und rundum goldbraun braten.

3 Petersilie waschen und Blättchen fein hacken. Tomaten überbrühen, häuten, entkernen und Fruchtfleisch klein würfeln.

4 Gewürze grob zerstoßen. Zwiebeln putzen, waschen und in feine Ringe schneiden. Mit Gewürzen, restlichem Öl und Zitronensaft verrühren.

5 Brot, Salat, Tomaten und Petersilie vermengen. Sauce darüber verteilen und locker untermischen. Frisch servieren.

Zubereitungszeit 50 Minuten
Pro Portion 1709 kJ • 407 kcal • 9 g Eiweiß • 20 g Fett • 47 g Kohlenhydrate • 55,1 mg Vitamin C • 4,73 mg Vitamin E • 90,7 mg Kalzium

Räucherfischcreme

Zutaten
Für 4 Personen
275 g geräucherte Forelle
200 Magerquark
1 EL Zitronensaft
2 EL Olivenöl oder Rapsöl
2 EL Kapern
Kräutersalz
Pfeffer aus der Mühle
1 Prise Cayennepfeffer
1 Bund Petersilie
Frisches Basilikum
Grüne Oliven zum Garnieren

1 Räucherforelle filetieren, Gräten vorsichtig entfernen und Fischfilet fein zerpflücken. Mit Quark, Zitronensaft und Öl verrühren.

2 Kapern fein hacken und unterrühren. Masse mit Salz, Pfeffer und Cayennepfeffer pikant abschmecken. Kräuter waschen, trocken schütteln und Blättchen fein hacken, unter die Creme rühren.

3 Creme 1 Stunde abgedeckt kühl stellen. Mit Oliven garniert anrichten. Dazu passt geröstetes Weizenvollkornbrot.

Zubereitungszeit 20 Minuten
Kühlzeit 1 Stunde
Pro Portion 806 kJ • 192 kcal • 22 g Eiweiß • 9 g Fett • 5 g Kohlenhydrate • 8,34 mg Vitamin C • 13,8 µg Vitamin D • 2,01 mg Vitamin E • 98,1 mg Kalzium

Pastasalat

Zutaten
Für 4 Personen
400 g Vollkornnudeln
Salz
300 g Cocktailtomaten
1 großer Bund Basilikum
8 EL Olivenöl oder Rapsöl
5 EL Balsamico-Essig
Kräutersalz
Pfeffer aus der Mühle
120 g schwarze Oliven
2 EL Pinienkerne
80 g Käse

1 Vollkornnudeln nach Packungsangabe in reichlich Salzwasser bissfest garen, in ein Sieb abgießen, kalt abschrecken und gut abtropfen lassen.

2 Inzwischen Cocktailtomaten waschen, halbieren und vom Stielansatz befreien. Basilikum waschen, trocken tupfen, Blätter abzupfen und in schmale Streifen schneiden.

3 In einer großen Schüssel Öl mit Balsamico-Essig, Salz und Pfeffer verrühren. Oliven entkernen und in Streifen schneiden. Pinienkerne in einer Pfanne ohne Fett goldgelb rösten.

4 Alle Zutaten mit der Marinade gut vermischen. Salat auf Tellern anrichten. Käse in Späne hobeln und darüber streuen.

Tipp Besonders gut eignen sich für diesen Pastasalat Conchiglie oder Spirelli aus Vollkornmehl – und als Käse würziger Pecorino.

Zubereitungszeit 25 Minuten
Pro Portion 3427 kJ • 816 kcal • 24 g Eiweiß • 47 g Fett • 73 g Kohlenhydrate • 18,3 mg Vitamin C • 0,12 µg Vitamin D • 5,35 mg Vitamin E • 354 mg Kalzium

Desserts und Gebäck

Sie lieben Süßes, essen es aber stets mit schlechtem Gewissen, weil es ungesund ist? Natürlich sind Schokoriegel, Sahnetorten, Bonbons und Pralinen aufgrund des extrem hohen Zuckeranteils schädlich für die Zähne und den Stoffwechsel.
Doch unter den selbst gemachten Desserts und Gebäck aus dem eigenen Ofen sind köstliche Leckereien, die zwar etwas Zeit kosten, aber den Organismus schonen und sogar noch Vitalstoffe enthalten.

Aprikosengrütze

Zutaten
Für 4 Personen
75 g Aprikosen
2 EL Aprikosenbrand oder Apfelsaft
500 g reife Aprikosen
50 ml Agavendicksaft
50 ml Weißwein
1–2 EL Limettensaft
1 TL Speisestärke
25 g geröstete Mandelstifte

1 Getrocknete Aprikosen in dünne Streifen schneiden und in Aprikosenbrand oder Apfelsaft quellen lassen.
2 Frische Aprikosen kreuzweise einritzen und ½ Minute in kochend heißes Wasser legen, abschrecken und abtropfen lassen. Die Früchte häuten, halbieren, entsteinen und in Stücke schneiden.
3 Aprikosen, eingeweichte Aprikosenstreifen, Agavendicksaft, Weißwein, Limettensaft und 50 ml Wasser in einem Topf verrühren und zugedeckt 30 Minuten ziehen lassen.
4 Aprikosen mit der Flüssigkeit aufkochen und 5 Minuten offen sprudelnd kochen lassen. Speisestärke mit wenig kaltem Wasser anrühren, die Grütze damit binden, dann von der Herdplatte nehmen.
5 Aprikosengrütze in kalt ausgespülte Glasschüsseln füllen und abgedeckt kühl stellen. Vor dem Servieren mit Mandelstiften bestreuen. Mit einer Sauce nach Wahl, z. B. mit Vanillesauce, servieren.

Zubereitungszeit 35 Minuten
Marinierzeit 30 Minuten
Kühlzeit 4 Stunden
Pro Portion 2612 kJ • 622 kcal • 12 g Eiweiß • 5 g Fett • 119 g Kohlenhydrate • 7,25 mg Vitamin E • 92,3 mg Vitamin C • 225 mg Kalzium

Bananen mit Preiselbeersauce

Zutaten
Für 4 Personen
4 reife Bananen
4 EL Zitronensaft
300 g Jogurt (3,5 %)
½ Glas Preiselbeerkompott
80 g gehackte Walnusskerne

1 Bananen schälen, längs halbieren und je zwei Hälften auf einem Dessertteller anrichten. Sofort mit Zitronensaft beträufeln.

2 Jogurt in einer Schüssel cremig rühren. Mit dem Preiselbeerkompott vermengen und auf den Bananenhälften verteilen.

3 Dessert mit gehackten Walnusskernen bestreuen und sofort servieren.

Zubereitungszeit 10 Minuten
Pro Portion 1793 kJ • 427 kcal • 8,0 g Eiweiß • 16 g Fett • 60 g Kohlenhydrate • 35,6 mg Vitamin C • 45 ng Vitamin D • 2,23 mg Vitamin E • 0,14 g Kalzium

Gefüllte Bratäpfel

Zutaten
Für 4 Personen
Fett für die Form
4 große Äpfel
2 EL Zitronensaft
2 EL Agavendicksaft
3 EL fein gehackte Walnusskerne
1 EL Honig
1 EL Rum
1 EL fein gehacktes Orangeat
4 Butterflocken
4 TL Preiselbeerkompott

1 Den Backofen auf 200 °C vorheizen. Eine feuerfeste Form einfetten. Äpfel waschen, mit einem Apfelausstecher das Kernhaus entfernen. Die Höhlung mit einem Messer etwas vergrößern.

2 Äpfel nebeneinander in die Form setzen. Zitronensaft mit Agavendicksaft verrühren und über die Äpfel träufeln.

3 Gehackte Walnusskerne mit Honig, Rum und Orangeat vermengen. Masse in die ausgehöhlten Äpfel füllen. Je eine Butterflocke auf die Äpfel setzen.

4 Äpfel im heißen Ofen 20–30 Minuten backen. Als Garprobe einmal mit einem Holzstäbchen einstechen, das Fruchtfleisch soll weich sein.

5 Die Bratäpfel auf vorgewärmten Desserttellern anrichten und mit dem Sud beträufeln. Jeden Apfel mit einem Löffel Preiselbeeren garnieren. Nach Wunsch mit warmer Vanillesauce servieren.

Zubereitungszeit 25 Minuten
Backzeit 30 Minuten
Pro Portion 894 kJ • 213 kcal • 2 g Eiweiß • 12 g Fett • 22 g Kohlenhydrate • 7,08 mg Vitamin C • 31 ng Vitamin D • 1,14 mg Vitamin E • 19,6 mg Kalzium

Obstsalat mit Vanillejogurt

Zutaten
Für 4 Personen
1 Pfirsich
2 Aprikosen
Saft von 1 Zitrone
2 Bananen
200 g kernlose Trauben
2 Kiwis
200 g Pflaumen
200 g Himbeeren
300 ml Orangensaft
3 EL Agavendicksaft
200 g Jogurt (3,5 %)
1 EL Akazienhonig
½ Vanilleschote
2 EL Mandelblättchen
Minzeblättchen

1 Pfirsich und Aprikosen waschen, halbieren, entsteinen und würfeln; mit Zitronensaft vermengen. Banane schälen, schräg in Scheiben schneiden und mit dem Obst vermischen.
2 Trauben waschen. Kiwis schälen, halbieren und in Scheiben schneiden. Pflaumen waschen, entsteinen und würfeln. Zerkleinerte Früchte sowie verlesene Himbeeren locker vermengen.
3 Orangensaft mit Agavendicksaft verrühren und über den Obstsalat gießen.
4 Jogurt mit Honig verrühren. Vanilleschote aufschneiden, das Mark herausschaben und mit dem Jogurt verrühren. Mandeln in einer Pfanne goldgelb rösten.
5 Salat in Schälchen verteilen. Jogurt überziehen, mit Mandelblättchen und Minze garnieren.

Zubereitungszeit 35 Minuten
Pro Portion 1793 kJ • 427 kcal • 8 g Eiweiß • 11 g Fett • 69,9 g Kohlenhydrate • 71,3 mg Vitamin C • 30 ng Vitamin D • 6,12 mg Vitamin E • Kalzium 196 mg

Gefrorener Erdbeerjogurt

Zutaten
Für 4 Personen
500 g reife Erdbeeren
2 EL Marsala oder Erdbeersirup
2 Päckchen Vanillinzucker
1 TL Zitronensaft
2 EL Mandelblättchen
40 g gehäutete Mandeln
400 g Jogurt (1,5 %)
2 EL Ahornsirup
1 Msp. gemahlener Kardamom
100 ml Sahne

1 Erdbeeren waschen, vier Stück beiseite legen. Restliche Erdbeeren entstielen und in Stücke schneiden. Mit Marsala oder Erdbeersirup, Vanillinzucker und Zitronensaft vermischen und abgedeckt 15 Minuten ziehen lassen.
2 Mandelblättchen in einer kleinen Pfanne ohne Fett goldgelb rösten, abkühlen lassen. Ganze Mandeln grob hacken und mit den Erdbeeren im Mixer fein pürieren.
3 Jogurt und Ahornsirup unterrühren und mit einem Hauch Kardamom würzen.
4 Sahne steif schlagen, unter die Erdbeermasse ziehen, in eine Metallschüssel füllen und unter gelegentlichem Rühren 2 Stunden frosten.
5 Gefrorenen Jogurt in Gläsern anrichten, mit den Mandeln und je 1 Erdbeere garnieren.

Zubereitungszeit 30 Minuten
Gefrierzeit 2 Stunden
Pro Portion 1147 kJ • 273 kcal • 7 g Eiweiß • 17 g Fett • 22 g Kohlenhydrate • 109 mg Vitamin C • 0,29 µg Vitamin D • 4,41 mg Vitamin E • 172 mg Kalzium

Mangocarpaccio

Zutaten
Für 4 Personen
2 EL geschälte Sesamsamen
2 reife Mangos
2 EL Tahin
1 Msp. Vanillemark
5 EL Milch (1,5 %)
4 EL steif geschlagene Sahne
2 EL Ahornsirup

1 Sesamsamen in einer Pfanne trocken rösten, bis sie duften.
2 Mangos schälen und längs der flachen Kernseiten in dünne Scheiben schneiden.
3 Tahin (Sesampaste ohne Salz, aus geschältem Sesam) mit Vanillemark verrühren, mit Milch glatt rühren und Schlagsahne unterziehen.
4 Mangoscheiben auf vier Desserttellern anrichten, Sesamschaum darauf verteilen, mit Ahornsirup beträufeln und mit geröstetem Sesam bestreuen. Frisch servieren.

Zubereitungszeit 20 Minuten
Pro Portion 1231 kJ • 293 kcal • 5 g Eiweiß • 16 g Fett • 32 g Kohlenhydrate • 67,5 mg Vitamin C • 281 ng Vitamin D • 2,5 mg Vitamin E • 143 mg Kalzium

Rote Grütze

Zutaten
Für 4 Personen
500 g gemischte Früchte und Beeren (wie rote und schwarze Johannisbeeren, Heidelbeeren, Brombeeren, Sauerkirschen, Himbeeren)
2 TL Speisestärke
160 ml schwarzer Johannisbeersaft
100 ml Kirschsaft
2 EL Vanillinzucker
4 cl Cassislikör

1 Beeren verlesen, waschen und je nach Sorte (Johannis-, Heidel-, Himbeeren, Sauerkirschen) putzen oder entkernen.
2 Stärke mit etwas Fruchtsaft anrühren. Restliche Säfte mischen, mit Zucker aufkochen. Stärke einrühren und 2 Minuten unter Rühren köcheln lassen. Vom Herd nehmen.
3 Beeren und Cassis untermischen und die Grütze etwas abkühlen lassen. Dann in Gläser füllen, kühl stellen und Grütze eisgekühlt mit kalter Milch oder Vanillesauce servieren.

Zubereitungszeit 25 Minuten
Kühlzeit 2 Stunden
Pro Portion 689 kJ • 164 kcal • 2 g Eiweiß • 0,74 g Fett • 30 g Kohlenhydrate • 127 mg Vitamin C • 0 g Vitamin D • 2,39 mg Vitamin E • 67,7 mg Kalzium

Böhmische Liwanzen

Zutaten
Für 4 Personen
10 g frische Hefe
150 ml Milch (1,5 %)
120 g Mehl (Type 1050)
1 Ei
1 Päckchen Vanillinzucker
Etwas abgeriebene, unbehandelte Zitronenschale
1 Prise Salz
1 EL Zucker
Öl zum Ausbacken
Puderzucker zum Bestäuben
Pflaumenmus

1 Hefe zerbröckeln, in lauwarmer Milch auflösen. In eine Schüssel gießen, Mehl darüber sieben, dann unterrühren. Ei trennen, Eigelb mit Vanillinzucker, Zitrone und Salz zum Teig geben und alles mit dem Rührgerät zu einem glatten Teig verarbeiten. An einem warmen Ort 1 Stunde gehen lassen.
2 Teig nochmals durchrühren. Eiweiß mit Zucker steif schlagen, unter den Teig ziehen.
3 Liwanzenpfanne oder Spiegeleierpfanne einfetten (oder Metallringe für Spiegeleier). Teig in die Vertiefungen füllen, beidseitig goldbraun backen. Fertige Liwanzen warm stellen und restlichen Teig ausbacken, dabei die Vertiefungen der Pfanne immer wieder gut einfetten.
4 Liwanzen vor dem Servieren mit Pflaumenmus bestreichen oder mit Puderzucker bestäuben und mit Mus servieren.

Zubereitungszeit 40 Minuten
Ruhezeit 1 Stunde
Pro Portion 869 kJ • 207 kcal 7 g Eiweiß • 5 g Fett • 32 g Kohlenhydrate • 1,99 mg Vitamin C • 451 ng Vitamin D • 2,06 mg Vitamin E • 60,4 mg Kalzium

Beeren-Ricotta-Hörnchen

Zutaten
Für 4 Personen

4 große Scheiben Filoteig (türkischer Lebensmittelladen)
50 g Pflanzenmargarine
125 g Ricotta
1 Päckchen Vanillinzucker
1 EL gemahlene Mandeln
425 g gemischte Beeren
175 g TK-Himbeeren
2 EL Ahornsirup
Puderzucker zum Bestäuben
Geröstete Mandelblättchen zum Garnieren

1 Ofen auf 190 °C vorheizen. Vier Eistütenformen einfetten. Teigscheiben in je zwei 15 cm große Quadrate schneiden. Mit Margarine bestreichen und diagonal zu einem Dreieck falten. Jedes Dreieck um eine Form legen, mit Margarine bestreichen und mit der Falzstelle nach unten auf ein mit Backpapier belegtes Blech legen. Im Ofen in 15 Minuten goldbraun und knusprig backen. Hörnchen abkühlen lassen, erst dann aus der Form lösen.

2 Ricotta mit Vanillinzucker und Mandeln verrühren. Beeren waschen, verlesen und je nach Sorte etwas zerkleinern.

3 Für die Sauce aufgetaute Himbeeren im Mixer pürieren. Mit Ahornsirup abschmecken.

4 Hörnchen zu zwei Dritteln mit Creme füllen und mit Beeren auffüllen.

Zubereitungszeit 50 Minuten
Backzeit 15 Minuten
Pro Portion 1457 kJ • 347 kcal • 10 g Eiweiß • 17 g Fett • 36 g Kohlenhydrate • 48,7 mg Vitamin C • 351 ng Vitamin D • 4,96 mg Vitamin E • 166 mg Kalzium

Aprikosenstrudel

Zutaten
Für 4 Personen
1 kg reife Aprikosen
40 g Zucker
4 gehäufte EL Kokosraspel
1 Msp. gemahlener Zimt
1 EL Agavendicksaft
2 Blätter Strudelteig (Kühlregal)
20 g Butter
4 EL Milch
200 ml Buttermilch
1 EL Zucker
Etwas Zitronensaft
5 EL steif geschlagene Sahne
Fett für das Blech

1 Aprikosen waschen, entsteinen und vierteln. Mit Zucker mischen und 10 Minuten abgedeckt ziehen lassen. Kokosraspel in einer Pfanne ohne Fett goldbraun rösten.
2 Ofen auf 180 °C vorheizen. Aprikosen abtropfen lassen, den Saft auffangen. Aprikosen mit Kokosraspel, Zimt und Agavendicksaft vermengen.
3 Strudelteig auf einem sauberen Tuch ausbreiten, mit 20 g geschmolzener Butter bestreichen. Aprikosen darauf verteilen. Teig mit Hilfe des Tuches aufrollen, mit der Verschlussseite nach unten auf ein gefettetes Blech setzen.
4 Strudel mit Milch bestreichen und im Ofen etwa 20 Minuten zu goldbrauner Farbe backen.
5 Kurz vor Ende der Backzeit Buttermilch mit Zucker, Zitronensaft und Aprikosensaft verrühren, Sahne unterziehen.
6 Strudel noch heiß in Portionsstücke schneiden, auf Tellern anrichten und die Buttermilchsauce dazu servieren.

Zubereitungszeit 50 Minuten
Backzeit 20 Minuten
Pro Portion 2020 kJ • 481 kcal • 9 g Eiweiß • 21 g Fett • 61 g Kohlenhydrate • 79 ng Vitamin D • 1,62 mg Vitamin E • 21,4 mg Vitamin C • 126 mg Kalzium

Bananenkuchen

Zutaten
Für 4 Personen
225 g Weizenmehl (Type 1050)
2 gehäufte TL Backpulver
1 Prise Salz
50 g Pflanzenmargarine
125 g Vollrohrzucker
Je 50 g grob geriebene und gehackte Walnusskerne
2 große reife Bananen
1 EL Zitronensaft
1 Ei
Fett für die Form

1 Den Ofen auf 180 °C vorheizen. Mehl mit Backpulver in einem Schüssel sieben, Salz, Margarine zugeben und den Teig zu Krümeln verarbeiten.
2 Zucker, Nüsse und die zerdrückte Banane einarbeiten. Zitronensaft und Ei untermischen. Mit den Krümeln verrühren, in die gefettete Form füllen.
4 Etwa 1 Stunde backen. Auf einem Gitter auskühlen lassen.

Zubereitungszeit 20 Minuten
Backzeit 1 Stunde
Pro Portion 2877 kJ • 658 kcal • 13 g Eiweiß • 28 g Fett • 87 g Kohlenhydrate • 9,98 mg Vitamin C • 752 ng Vitamin D • 4,35 mg Vitamin E • 91,4 mg Kalzium

Mandelrolle

Zutaten
Für 4 Personen
50 g Rumrosinen
25 g gehacktes Orangeat
250 g gemahlene Mandeln
2 EL Honig
Abgeriebene unbehandelte Orangenschale
3 EL Sahne
150 g Honig-Marzipan-Rohmasse
250 g Magerquark
5 EL Milch
1 Ei
1/8 l Rapsöl
75 g Zucker
1 Päckchen Vanillinzucker
1 Prise Salz
400 g Weizenmehl
1 Päckchen Backpulver
Puderzucker
Fett für das Blech

1 Rosinen klein schneiden, mit dem Orangeat vermischen. Mandeln mit Honig, Orangenschale, Sahne und 2–3 EL Wasser verrühren. Rosinen-Orangeat-Mischung untermengen. Honig-Marzipan in dünne Scheiben schneiden.
2 Quark mit Milch, Ei, Öl, Zucker, Vanillinzucker und Salz verrühren. Mehl mit Backpulver mischen und unterrühren, zum Schluss unterkneten. Backofen auf 180 °C vorheizen. Ein Backblech einfetten.
3 Teig auf bemehlter Arbeitsfläche zu einem Rechteck von 40 mal 25 cm ausrollen. Mit den Marzipanscheiben belegen, Mandelfüllung darauf verteilen. Beide Längsseiten des Teiges bis zur Mitte aufrollen. Teigrolle auf das Blech setzen.
4 Mandelrolle im vorgeheizten Backofen auf mittlerer Schiene 55 Minuten backen. Auf einem Kuchengitter auskühlen lassen. Mit Puderzucker besieben und in Scheiben aufschneiden.

Zubereitungszeit 40 Minuten
Backzeit 55 Minuten
Pro Portion 5208 kJ • 1240 kcal • 31 g Eiweiß • 64 g Fett • 131 g Kohlenhydrate • 19,7 mg Vitamin E • 3,67 mg Vitamin C • 684 ng Vitamin D • 8,26 mg Vitamin E • 70,7 mg Kalzium

Carob-Trüffel

Zutaten
Für 4 Personen
50 g Rumrosinen
180 g Keks- oder Zwiebackkrumen
40 g gehackte geröstete Haselnusskerne
50 g gemahlene Mandeln
50 g Schwarze-Johannisbeer-Konfitüre
1 EL Rum
Etwa 300 g Carobschokolade (Bioladen)

1 Die Rumrosinen kleinschneiden. Mit Keks- oder Zwiebackkrumen, Haselnüssen, Mandeln, Johannisbeerkonfitüre und Rum vermengen. Zu walnussgroßen Kugeln formen.
2 Schokolade bei schwacher Hitze über siedendem Wasser schmelzen. Kugeln nacheinander hineintauchen und wenden, bis sie gleichmäßig mit der Glasur überzogen sind. Auf einem Kuchengitter trocknen lassen.

Zubereitungszeit 30 Minuten
Pro Portion 3091 kJ • 736 kcal • 17 g Eiweiß • 36 g Fett • 80 g Kohlenhydrate • 1,9 mg Vitamin C • 6,71 mg Vitamin E • 169 mg Kalzium

Getränke

Wir trinken im Allgemeinen nicht nur zu wenig über den Tag gesehen – wir nutzen Getränke auch zu selten als kleine, wohlschmeckende Mahlzeit! Die folgenden 10 Flips, Drinks, Cocktails und Säfte sind eine schöne Gelegenheit, diese Form der »flüssigen Nahrung« kennen zu lernen. Und: Die meisten dieser Säfte und Mixturen sind innerhalb von 10 Minuten zubereitet.

Mango-Kiwi-Drink

Zutaten
Für 4 Personen

1 reife Mango
2 Kiwis
$\frac{1}{4}$ Honigmelone
2 EL Limettensaft
200 ml Mangosaft
200 ml Orangensaft
Etwas Agavendicksaft

1 Mango schälen und das Fruchtfleisch vom Kern schneiden. Kiwis schälen und in Stücke schneiden. Melone entkernen, schälen und würfeln.

2 Früchte mit Limettensaft, Mangosaft und Orangensaft im Mixer fein pürieren. Mit Agavendicksaft nach Geschmack süßen. In vier Gläser füllen und sofort servieren.

Zubereitungszeit 15 Minuten
Pro Portion 550 kJ • 131 kcal • 2 g Eiweiß • 939 mg Fett • 27 g Kohlenhydrate • 85 mg Vitamin C • 0 g Vitamin D • 1,65 mg Vitamin E • 49,8 mg Kalzium

Bananen-Haselnuss-Milch

Zutaten
Für 4 Personen

4 große reife Bananen
$\frac{3}{4}$ l Milch (1,5 %)
4 EL Haselnussmus (Reformhaus)
4 EL Ahornsirup
$\frac{1}{2}$ Vanilleschote
1 Msp. gemahlener Zimt

1 Bananen schälen und in Scheiben schneiden. Mit Milch, Haselnussmus und Ahornsirup im Mixer fein pürieren.

2 Die Vanilleschote längs aufschneiden, das Mark herauskratzen und mit dem gemahlenen Zimt zur Bananenmilch geben. Nochmals alles kurz durchmixen, in vier hohe Bechergläser füllen und sofort servieren.

Zubereitungszeit 10 Minuten
Pro Portion 1709 kJ • 407 kcal • 10 g Eiweiß • 16 g Fett • 54 g Kohlenhydrate • 19,1 mg Vitamin C • 56,3 ng Vitamin D • 5,32 mg Vitamin E • 286 mg Kalzium

Sanddorn-Buttermilch-Shake

1 Sanddornsaft mit Buttermilch verquirlen, mit Orangenschale abschmecken.

2 In vier Gläser je einen Eiswürfel geben, mit Sanddorn-Buttermilch auffüllen und sofort servieren.

Zubereitungszeit 5 Minuten

Pro Portion 307kJ • 73 kcal • 4 g Eiweiß • 2 g Fett • 7 g Kohlenhydrate • 89,9 mg Vitamin C • 12,5 ng Vitamin D • 188 µg Vitamin E • 152 mg Kalzium

Zutaten

Für 4 Personen

- 1/8 l Sanddornsaft
- 1/2 l Buttermilch
- Etwas abgeriebene unbehandelte Orangenschale
- 4 Eiswürfel

Zitruscocktail

1 Die Orangen, die Limette und die Grapefruits auspressen. Säfte mit dem Honig verrühren, bis dieser sich aufgelöst hat.

2 Zitrusmix in vier Gläser füllen und sofort servieren.

Zubereitungszeit 10 Minuten

Pro Portion 785 kJ • 187 kcal • 2 g Eiweiß • 694 mg Fett • 39 g Kohlenhydrate • 0,11 g Vitamin C • 0 g Vitamin D • 581 µg Vitamin E • 74,1 mg Kalzium

Zutaten

Für 4 Personen

- 6 Saftorangen
- 1 Limette
- 2 Grapefruits
- 4 EL Akazienhonig

Mango-Orangenmix

Zutaten
Für 4 Personen
2 reife Mangos
1 Stück frischer Ingwer (etwa 4 cm)
300 ml frisch gepresster Orangensaft
4 TL Zitronensaft
2 EL Agavendicksaft
50 g Trinkjogurt

1 Mangos schälen. Fruchtfleisch in Spalten vom Kern schneiden, im Mixer pürieren. Ingwer schälen und fein reiben, in ein Sieb geben und den Saft herausdrücken.

2 Ingwer-, Orangen- und Zitronensaft, Agavendicksaft und Trinkjogurt zum Mangopüree geben, unterrühren und alles kurz durchmixen. Auf Gläser verteilen und frisch servieren.

Zubereitungszeit 15 Minuten
Pro Portion 550 kJ • 131 kcal • 2 g Eiweiß • 734 mg Fett • 28 g Kohlenhydrate • 58,1 mg Vitamin C • 3,75 ng Vitamin D • 1,07 mg Vitamin E • 59,8 mg Kalzium

Bananen-Orangen-Drink

Zutaten
Für 4 Personen
2 reife Bananen
2 EL Zitronensaft
600 ml frisch gepresster Orangensaft
4 EL honiggesüßter Sanddornsaft (Reformhaus)

1 Bananen schälen und in Stücke schneiden.

2 Mit Zitronensaft, Orangensaft und Sanddornsaft im Mixer cremig pürieren.

3 Drink in vier Gläser füllen und frisch servieren.

Zubereitungszeit 10 Minuten
Pro Portion 634 kJ • 151 kcal • 3 g Eiweiß • 695 mg Fett • 31,3 g Kohlenhydrate • 69,1 mg Vitamin C • 0 g Vitamin D • 603 µg Vitamin E • 74,1 mg Kalzium

Aprikosen-Pfirsich-Drink

Zutaten
Für 4 Personen
2 reife Pfirsiche
4 reife Aprikosen
100 ml Aprikosennektar
100 ml Orangensaft
400 ml gekühltes Mineralwasser
Minzeblättchen

1 Pfirsiche und Aprikosen kurz überbrühen, häuten, entsteinen und vierteln.

2 Früchte mit Aprikosennektar und Orangensaft im Mixer cremig pürieren. Mit Mineralwasser auffüllen, nochmals kurz durchmixen.

3 Drink in vier gekühlte Gläser füllen, mit Minzeblättchen garnieren und sofort servieren.

Zubereitungszeit 20 Minuten
Pro Portion 307 kJ • 73 kcal 1 g Eiweiß • 164 mg Fett • 16 g Kohlenhydrate • 19,2 Vitamin C mg • 0 g Vitamin D • 1,01 mg Vitamin E • 60,3 mg Kalzium

Erdbeer-Sanddorn-Flip

1 Erdbeeren waschen, putzen und halbieren oder vierteln.
2 Erdbeeren in den Mixer geben und mit Jogurt, Milch und Sanddornsaft cremig pürieren. Zum Schluss das Vanillepulver dazugeben und gut verrühren.
3 Flip in vier Bechergläser füllen und mit einigen frischen Minzeblättchen garnieren. Mit langstieligen Löffeln servieren.

Zubereitungszeit 15 Minuten
Pro Portion 479 kJ • 114 kcal • 6 g Eiweiß • 3 g Fett 15 g Kohlenhydrate • 72,4 mg Vitamin C • 45 ng Vitamin D • 191 µg Vitamin E • 212 mg Kalzium

Zutaten
Für 4 Personen
350 g Erdbeeren
250 g Jogurt (1,5 %)
350 ml Milch (1,5 %)
4 EL honiggesüßter Sanddornsaft
1/2 TL gemahlene Vanille
Minzeblättchen

Frischer Tomatensaft

1 Tomaten waschen, vom Stielansatz befreien und vierteln. Die Tomatenstücke im elektrischen Entsafter auspressen.
2 Tomatensaft mit etwas Salz und Pfeffer abschmecken und Weizenkeimöl unterrühren, damit der Organismus die fettlöslichen Vitamine aufnehmen kann.
3 Tomatensaft in vier Gläser füllen, mit Kerbelblättchen garnieren und frisch servieren.

Zubereitungszeit 15 Minuten
Pro Portion 441 kJ • 105 kcal • 5 g Eiweiß • 4 g Fett • 13 g Kohlenhydrate • 117 mg Vitamin C • 0 g Vitamin D • 8,26 mg Vitamin E • 70,7 gKalzium

Zutaten
Für 4 Personen
2 kg reife Tomaten
Kräutersalz
Pfeffer aus der Mühle
2 TL Weizenkeimöl
Kerbelblättchen zum Garnieren

Möhren-Orangenmix

1 Möhren schälen und im elektrischen Entsafter auspressen. Orangen auspressen.
2 Möhren- und Orangensaft mit Weizenkeimöl gut verrühren, in vier Gläser füllen und frisch servieren.

Zubereitungszeit 15 Minuten
Pro Portion 542 kJ • 129 kcal • 3 g Eiweiß • 3 g Fett • 20 g Kohlenhydrate • 62,5 mg Vitamin C • 0 g Vitamin D • 5,74 mg Vitamin E • 0,14 g Kalzium

Zutaten
Für 4 Personen
1 kg Möhren oder etwa 1/2 l Möhrensaft
4 Saftorangen
2 TL Weizenkeimöl

Kontaktadressen

Arthrose-Selbsthilfe e. V., Am Mühlenberg 2, 34587 Felsberg
Tel.: 0 56 62/23 52, Fax: 23 52, www.arthrose-selbsthilfe.de

Deutsche Gesellschaft für Ernährung e. V. (DGE), Godesberger Allee 18, 53175 Bonn, Tel.: 02 28/3 77 66 00, Fax: 3 77 68 00, www.dge.de

Deutsche Arthrosehilfe e. V., Postfach 110551, 60040 Frankfurt
Tel.: 0 68 31/94 66 77, www.arthrose.de

Deutsches Grünes Kreuz e. V., Beratungstelefon zum Thema »Arthrose«, Tel.: mittwochs, 16.00 bis 20.00 Uhr: 0 64 21/29 32 90

Deutsches Institut für Ernährungsforschung (DIfE), Arthur-Scheunert-Allee 114–116, 14558 Bergholz-Rehbrücke, Tel.: 03 32 00/88-0, Fax: 03 32 00/88-4 44, www.dife.de

Der Austausch mit Leidensgenossen kann Ihnen das Leben leichter machen. Über die Rheuma-Liga bekommen Sie Kontakte zu Selbsthilfegruppen und anderen Treffpunkten.

Deutsche Rheuma-Liga, Bundesverband e. V., Maximilianstr. 14, 53111 Bonn, Tel.: 02 28/76 60 60, www.rheuma-liga.de

Deutscher Verband für Physiotherapie, Postfach 210280, 50528 Köln, Tel.: 02 21/9 81 02 70

Österreichische Rheuma-Liga, Postfach 1a, 1023 Wien,
Tel.: 00 43 - 01/2 03 62 02, www.rheumaliga.at

Schweizerische Rheuma-Liga, Renggerstr. 71, Ch - 8038 Zürich,
Tel.: 00 41 - 01/4 87 40 00, www.rheumaliga.ch

Verband der Diätassistenten – Deutscher Bundesverband (VDD), Postfach 1051112, 40042 Düsseldorf, Tel.: 02 11/16 21 75, Fax: 02 11/35 73 89, www.vdd.de

Zum Weiterlesen

Olaf Adam: Diät und Rat bei Rheuma und Osteoporose.
© Walter Hädecke Verlag. Weil der Stadt 2002

Michaela Döll: Arthrose – endlich schmerzfrei durch Biostoffe.
© Herbig Verlag. München 2003

Christoph Schidlo: So lindern Sie wirksam Arthrose.
© Verlagsgruppe Weltbild GmbH. Augsburg 1998

Paolo Suter: Checkliste Ernährung. © Thieme Verlag. Stuttgart 2002

Über dieses Buch

Der Autor Dr. med. Christoph Schidlo arbeitete nach seinem Studium der Humanmedizin in Freiburg und München zunächst in der Unfallchirurgie, danach in der Orthopädischen Universitätsklinik München. Seine breiten Fachkenntnisse bezieht er aus seiner wissenschaftlichen Tätigkeit in der Arthroseforschung sowie aus seiner Tätigkeit als Facharzt für Orthopädie in der Nähe von München. In der Verlagsgruppe Weltbild erschien 1998 sein erfolgreiches Buch So lindern Sie wirksam Arthrose, das bis heute 21 Auflagen erreichte.

Die Autorin Dipl. oec. troph. Dagmar Fronius-Gaier wollte ursprünglich Bio-Landwirtin werden, verlegte dann aber ihren Interessenschwerpunkt auf die kulinarische Verarbeitung und Zubereitung gesunder Lebensmittel. Nach dem Studium der Ernährungswissenschaften verband sie Theorie und Praxis durch ihre Arbeit im Naturkostfachhandel und am privaten Biohof, die Veranstaltung von Ernährungsseminaren und Kochkursen sowie durch ihre Tätigkeit als Sachbuchautorin mit den Schwerpunkten Kochen, Ernährung und Gesundheit.

Bildnachweis Fotodesign Helga Florian, Weiden: 2, 3, 57, 58, 63, 66, 70, 77, 78, 83, 85, 89, 92, 98, 100, 102, 109, 114, 117, 121; Mauritius Die Bildagentur GmbH, Mittenwald: 18; MEV Verlag GmbH, Augsburg: 52/53, 43, 47; Okapia (NRI): 13; PhotoDisc, Hamburg/Seattle: 5, 6/7, 8, 24, 27, 28, 40, 54

Weltbild Buchverlag
-Originalausgaben-

Projektleitung: Dr. Ulrike Strerath-Bolz
Redaktion: Verena Zemme / Claudia Krader
Umschlagabbildung: Fotodesign Helga Florian, Weiden
Umschlaggestaltung: X-Design, München
Layout: X-Design, München
Satz: Lydia Koch, Augsburg
Reproduktion: Point of Media GmbH, Augsburg
Druck und Bindung: Offizin Andersen Nexö Leipzig GmbH, Spenglerallee 26-30, 04442 Zwenkau

Gedruckt auf chlorfrei gebleichtem Papier

Printed in Germany

ISBN 3-89897-032-9

Ein Hinweis in eigener Sache: Unsere Rezepte werden von erfahrenen Autoren kreiert und erprobt. Wir freuen uns jedoch über Anregungen, Tipps oder Kritik und helfen bei Fragen gern weiter. Bitte wenden Sie sich an: Weltbild Buchverlag, Steinerne Furt 67, 86167 Augsburg, oder schicken sie uns eine E-Mail an: Gabriele.Beck@weltbild.com

Rezepteregister

Sachregister